Si soy tan buena, ¿por qué estoy soltera?

María Marín

AGUILAR

© 2012, María Marín
© 2012 Si soy tan buena, ¿por qué estoy soltera?
© De esta edición:
   2012, Santillana USA Publishing Company, Inc.
   2023 N.W. 84th Ave.
   Doral, FL 33122
   Teléfono: (305) 591-9522
   Fax: (305) 591-7473
   www.prisaediciones.com

Primera edición: Octubre de 2012
ISBN: 978-1-61435-998-2

Fotografía de cubierta: Héctor O. Torres
Ilustración de cubierta: Lucía Rodríguez
Diseño de interiores: Grafika LLC.

Impreso en HCI Printing & Publishing

PRISA EDICIONES

Índice

Dedicatoria

Soy una mujer muy afortunada. A diferencia de muchas personas, tengo dos madres y ambas poseen cualidades de ángel. Una de ellas me dio la vida y me amó incondicionalmente hasta que cumplí nueve años, cuando lamentablemente tuvo que partir de este mundo. A mis 11 años conocí a mi otra mamá, quien desde que se casó con mi padre me ama tanto como si me hubiera dado la vida.

Ambas son una gran inspiración: ellas han sabido valorarse, respetarse, darse su puesto y compartir su noble corazón. Por eso supieron enamorar a un hombre tan maravilloso: ¡mi papá! A ellas les dedico este libro.

Agradecimientos

Quiero agradecer a quienes de una manera u otra aportaron su "granito o montaña de arena" en la elaboración de este libro:

Héctor Rivera:

Papá, una vez más te llevaste la primicia, gracias por siempre leer mis libros antes que nadie, tu opinión es muy valiosa para mí.

Carmen Birriel:

Admiro tu pasión por todo lo que haces. Tus conocimientos fueron una gran aportación para expandir y profundizar en el tema de la búsqueda de amor. Gracias por todas las horas que dedicaste a este proyecto. Me siento afortunada de poder contar con tu experiencia profesional y sabiduría.

Bill Marín:

Eres el mejor exesposo del mundo. Gracias por aportar tu punto de vista a este libro. Tu continuo apoyo ha sido invaluable desde que comencé esta aventura de ser motivadora.

Gregor Ereu:

Mi querido productor, gracias por facilitarme la vida cuando más lo necesitaba. No sabes cómo te agradezco el trabajo adicional que tuviste que hacer en mi programa de radio mientras escribía este libro.

Irasema Torres:

Gracias por estar pendiente de cada detalle que hace crecer mi carrera. Admiro tu talento, creatividad y dedicación.

Diane Stockwell:

Después de escribir mi primer libro, *Mujer sin límite* creí que sólo publicaría un libro en mi vida. ¿Puedes creerlo? Estamos en el tercero. Gracias por tu apoyo y guía como agente literario.

Fans:

A mis radioescuchas, televidentes, seguidores en las redes sociales y lectores de mis columnas y libros, les agradezco infinitamente su amor y continuo apoyo. Ustedes son mi razón de escribir.

Dios:

Gracias por regalarme lo más valioso de esta vida: la semilla de la fe. Con ella he podido superar obstáculos y alcanzar mis sueños. Cada logro en mi carrera es resultado de la fe que sembraste en mi corazón. ¡Gracias por todos los éxitos que voy a cosechar!

Introducción

Si soy tan buena... ¿por qué estoy soltera? Es la pregunta que se hace aquella mujer que se considera divertida, inteligente, trabajadora y dulce. Ella tiene buenos principios y dice que sabe tratar a un hombre. En otras palabras, es una gran candidata para cualquier caballero. Sin embargo, ¡está soltera!

Si escogiste leer este libro es porque seguramente te identificas con la mujer que acabo de describir. Tal vez te has desvivido por varios hombres y has hecho todo lo posible por que se enamoren de ti, pero no has tenido éxito en tus relaciones. Y te preguntas: ¿Qué estoy haciendo mal? ¿Por qué otras mujeres pueden encontrar el amor y yo no?

Este libro te revelará las razones por las que no has podido establecer un vínculo amoroso con un hombre que te valore y se muera por ti. En otras palabras, que "te mueva el piso" y seas correspondida. De igual manera, si estás emparejada y te encuentras en una relación en la que estás descontenta o te sientes vacía, descubrirás por qué no funciona tu noviazgo o matrimonio.

Te aseguro que sin darte cuenta has cometido graves errores en el amor. Me atrevo a apostar que con tal de mantener a un hombre a tu lado, te has comportado de un modo que nunca pensaste que actuarías: te sobraste, le creíste sus mentiras, permitiste desprecios, soportaste humillaciones y hasta te usaron económicamente. ¡No te sientas mal! Toda mujer en algún momento se ha rebajado de tal forma, que hasta vergüenza le da contar lo tarada que fue.

Precisamente, muchas de las actitudes que las mujeres utilizan para hacerse irresistibles con los hombres son exactamente las que terminan arruinando sus oportunidades de tener una relación saludable. Por ejemplo, cambian su rutina por adaptarse a la de su pareja, "congelan" sus sueños por dedicarse a una relación, descuidan su familia, estudios o trabajo por poner a su novio en primer lugar o se acomodan a los antojos de su compañero con tal de no enojarlo. Y todo esto con el fin de no perderlo.

Luego de leer estas páginas te darás cuenta de que ser una mujer tan buena no es la mejor estrategia para conquistar a un hombre, tampoco lo es ser indiferente y mucho menos ser una "cabrona", como algunos aseguran. El secreto está en ser astuta: saber cómo y cuándo dar. Tanto en los negocios como en el amor, para que el otro te valore tienes que ser muy cautelosa en la manera en que entregas tus esfuerzos. Te voy a enseñar cuál es el momento indicado para dar lo más valioso de ti: sea detalles, atenciones, mimos, confianza y hasta tu cuerpo.

El primer paso para que un ser humano pueda experimentar una transformación positiva en cualquier área de su vida, ya sea profesional, espiritual o sentimental, es reconocer lo que está haciendo mal. Por eso, voy a revelarte tus errores en el campo del amor y te enseñaré cómo acabar con los comportamientos "espanta hombres". Te advierto que según vayas leyendo, tendrás muchos momentos reveladores en que dirás: "Ahora entiendo por qué aquella relación no funcionó", "Con razón aquel hombre jamás volvió a llamarme" o "Guau, que sobrada fui". Pero ¡que no cunda el pánico!, porque de la misma manera, según pases las páginas, también tu autoestima se fortalecerá y dirás: "Valgo mucho y jamás me vuelvo a rebajar de esa forma", "Que se prepare el próximo porque conmigo no se juega" o "No voy a conformarme con cualquiera por miedo a quedarme sola".

Los conocimientos que vas a adquirir aquí te ayudarán a cimentar una relación saludable en la que serás valorada, respetada y sobre todo amada. Disfruta de esta guía que con tanto cariño escribí para ti. Se acabaron tus días de soltería. Prepárate, pronto el amor tocará a tu puerta. Y cuando te cases, ¡no olvides enviarme fotos!

SOLTERAS EN LA RED:
Te invito a visitar la sección exclusiva para solteras en mi portal de Internet

www.mariamarin.com

Allí encontrarás artículos, consejos, seminarios y una red de apoyo para mujeres que buscan el verdadero amor.

ERROR N° 1:
Falta de amor propio

Uno de los momentos más inolvidables de mi infancia sucedió cuando tenía siete años. Las memorias de aquel evento me marcaron como mujer. Tengo una foto instantánea que revive aquel día: me encontraba en la celebración de una de las bodas más inolvidables de mi vida. Junto a mí, aparecen dos primas y una vecinita, estábamos detrás de una mesa decorada con globos blancos y un jarrón con capullitos de rosas recién cortados del jardín de mi casa. El pastel nupcial era glaseado con chocolate, de esos que encuentras en la sección de congelados del supermercado. Y sentaditos al lado del pastel estaban los recién casados: la glamorosa Barbie y el guapísimo Ken. Cuánto disfruté aquel día; ¡sentí que era yo la que se casaba!

Juegos como este eran parte de nuestra diversión entre amiguitas y acostumbrábamos a celebrar los cumpleaños de las muñecas. Sin embargo, lo que hizo el casamiento de Barbie y Ken tan especial ese día fue que mi mamá me advirtió: "Mijita, uno se casa sólo una vez, así que ésta es la única boda que le vamos a hacer a Barbie."

Crecí pensando que mi suerte en el amor sería como en el mundo de esta popular muñeca; donde no existe desesperación por encontrar pareja, la incertidumbre de no saber si la relación tendrá futuro y mucho menos experimentar el sufrimiento de un corazón partido. Como niña al fin, pensaba que para toda mujer existía un maravilloso Ken.

Inconscientemente, desde pequeñas creemos que la prioridad en la vida es casarnos, ser una excelente esposa y una extraordinaria mamá. Y en el afán de conseguir a Ken ponemos en segundo lugar el amor propio, las metas profesionales y la paz interior. Y esto no es lo peor, lo más absurdo de todo es que llegamos a hacer cosas que jamás pensamos que seríamos capaces de hacer con tal de mantener a un hombre a nuestro lado.

Seamos honestas, todas las mujeres, ¡todas! hemos sido ridículamente tontas en alguna relación amorosa en nuestra vida. Estoy hablando de que nos hemos rebajado de tal forma, que hasta nos da vergüenza admitir lo idiotas que fuimos. Cuántas veces habrás criticado a otra mujer: "¿Cómo puedes soportar los desplantes de ese hombre?" Y luego tú, aguantas lo mismo y hasta algo peor.

De esa agua no beberé

Qué muchas historias te podría contar de mujeres que se jactan de decir: "¡De esta agua no beberé!", y luego se la toman por galones. Como es el caso de mi exvecina y amiga Gina, cuyo lema en las relaciones de amor era: "la primera vez que me engañen será culpa de mi pareja; la segunda, será mi culpa", es decir, esta mujer no es capaz de aguantar más de un cuerno.

Tras llevar más de un año sin tener una cita romántica, el día menos pensado Gina conoció a Jerry. Ella esperaba en la fila del supermercado para pagar por unos aguacates, cilantro y cebolla, mientras que él hacía su turno detrás para comprar unas cervezas frías.

—Qué lindos se ven esos aguacates —comentó Jerry en el momento que Gina vaciaba su canasta de vegetales sobre la correa automática de la caja registradora.

—¿Perdón? —dijo ella mientras se volteaba con una sonrisa para ver de quién era esa seductora voz de locutor de radio.

—¿Sabes cuál es el gran efecto que tienen los aguacates? —preguntó Jerry en tono de picardía mientras le guiñaba un ojo.

Gina, quien no había tenido una cita amorosa por más de un año, no podía creer que un hombre tan alto, musculoso y varonil se estuviera fijando en ella, y más ese día que andaba sin gota de maquillaje. A cien pensamientos por segundo empezó a buscar desesperada en los archivos de su mente una respuesta inteligente. Se moría por impresionar a este gringo ojiverde, quien podría convertirse en el futuro padre de sus hijos.

—Sí, yo sé, que los aguacates son buenísimos para reducir el colesterol —contestó con aire de "sabelotodo", segura de haberlo deslumbrado con su acertada respuesta.

—¡No! —respondió tajante.

—Bueno, ayudan a combatir las arrugas por su gran contenido de vitamina E —agregó antes de que el gringo pudiera revelar el secreto.

—*Cold, cold*... frío, frío... estás muy lejos de la contestación correcta —dijo en tono juguetón y a punto de carcajearse.

—¡Ya sé! Cuando comienzas a comer guacamole el cuerpo te pide una cerveza bien fría —contestó mientras agarraba un aguacate en una mano y con la otra señalaba las cervezas que Jerry estaba a punto de comprar.

—Nooo, pero suena muy tentador —aseguró con su marcado acento gringo.

—¡Entonces me rindo! Por favor, ya dime cuál es el gran efecto de los aguacates —confesó a la vez que se tocaba seductoramente el cabello, esperando escuchar algo muy original o romántico.

—Pues, aguacate maduro, ¡pedo seguro! —susurró al oído de Gina y se cubrió un poco la boca para que nadie fuera a leer sus labios.

Gina se enrojeció. Ambos explotaron de la risa y hasta contagiaron al cajero con el chistoso refrán. Ni tonto ni perezoso, Jerry aprovechó lo gracioso del momento para pedirle a Gina su número de teléfono. Esa misma noche la llamó y así comenzó el nuevo romance de mi exvecina.

Aunque en un principio, Gina me ocultó su reciente conquista, un ruido que venía de su casa me hizo sospechar que vivía alguien más en su linda casa pintada de un tenue color terracota, evocador de sus raíces mexicanas. Todas las mañanas, a las seis en punto, no fallaba el alboroto proveniente de su casa. Lo que sucedía era que su amorcito tenía una motocicleta, el último modelo de Harley Davidson y cuando la encendía para irse a trabajar despertaba a todo el vecindario; de más está decir que su Harley roja desplazó a mi reloj despertador. Así pasaron los meses, conocí a Jerry y los tres llegamos a salir juntos en varias ocasiones. Me pareció un hombre sincero, caballeroso y con buen sentido del humor. Sus brazos tatuados podían dar la impresión de que fuera un tipo atrevido y alborotador, sin embargo era sensible y muy complaciente.

Un lunes me levanté azorada, tenía una entrevista muy importante y se me habían "pegado las sábanas". ¡No lo podía creer! "¿Qué le pasó a Jerry?", pensé. Me asomé por la ventana y me sorprendió no ver rastro de su ruidosa Harley. Así pasaron varios días silenciosos y otra vez tuve que depender de mi alarma para despertarme. Luego se hizo habitual que como por arte de magia, Jerry y su motocicleta aparecían y desaparecían.

Cada vez que el gringo se alejaba, yo le preguntaba a Gina por su novio y siempre tenía razones "válidas" que justificaban su ausencia. La primera vez me dijo: "Está en casa de su mamá, ayudándola con unas remodelaciones." Tres meses más tarde aseguró: "Lo enviaron a la China con su trabajo para comprar unos equipos." Más adelante afirmó: "Ay, su papá está muy delicado de salud y se fue a Kansas a cuidarlo." En una de sus partidas incluso me llegó a decir que el hombre se había vuelto alérgico a sus dos perritos. Lo cual me sorprendió porque era él quien siempre salía a pasear a los chihuahuas y hasta se revolcaba con ellos en el césped.

Pero llegó el día en que descubrí la realidad detrás de las fugas de Jerry el motociclista.

La confesión de su amorcito

Gina y yo tomábamos juntas una clase de meditación todos los miércoles y de regreso a la casa teníamos el ritual de parar en un lugarcito japonés a tomarnos un té mientras hablábamos de todo un poco.

—Extraño el ruido de la motora. ¿Por dónde anda Jerry en estos días?

—Lo nuestro terminó y no te imaginas lo que estoy sufriendo —confesó afligida mientras se le aguaban los ojos.

—¿Qué pasó? —pregunté sorprendida.

—Ay María... ¿Puedes creer que Jerry me engañó?

—¿Con quién?

—Fueron muchas.

—¿Cómo así? —exclamé a punto de ahogarme con un buche de té.

—Me da tanta vergüenza contarte esto; todas esas veces que te dije que Jerry estaba de viaje realmente era que yo lo había corrido de mi casa por sus infidelidades. La primera vez que lo agarré con "las manos en la masa", lo boté como bolsa de basura. Pero regresó arrepentido, explicándome que se acostó con ella porque estaba borracho y juró que jamás lo volvería hacer; y por eso lo perdoné. Las otras cuatro veces que lo descubrí, el muy descarado me lo negó rotundamente y decía que yo padecía de celos enfermizos. Lo peor de todo es que aun teniendo evidencias, me lo llegué a creer y hasta dudé de mi propio juicio. ¡Qué tonta fui! —admitió entre sollozos.

Me dolió y a la vez me enfureció ver a mi amiga llorar por alguien que no la merecía. Tal vez te preguntarás cómo esta mujer fue capaz de ser "cuernuda" cinco veces ¡y para colmo, con el mismo imbécil! Pero ten mucho cuidado de juzgar a otras mujeres porque si se trata de amor, todas somos capaces de cometer cualquier estupidez. La realidad es que la experiencia de Gina la viven muchas mujeres día a día. Quizás no has soportado varias infidelidades como ella, pero has tolerado situaciones que son inaceptables en una relación.

¿Cómo es posible que en pleno siglo XXI cuando la mujer ha demostrado su capacidad para enfrentar grandes retos y alcanzar cualquier meta, incluyendo presidir una nación, permita que un hombre le falte el respeto, la maltrate o la humille? La respuesta es sencilla: ¡falta de amor propio! Y este es el principal error que cometen las mujeres en el amor.

Dime tu nivel de autoestima y te diré quién te pretende

En una escala del 0 al 10, ¿cómo calificas tu autoestima como mujer? Cero (0) significa "soy un desastre y no valgo nada" y diez (10) significa "soy lo máximo y merezco lo mejor". Encierra en un círculo el número que corresponde a tu autoevaluación.

$$0 - 1 - 2 - 3 - 4 - 5 - 6 - 7 - 8 - 9 - 10$$

Si tu puntuación es menor de 10, emociónate de tener este libro en tus manos porque cuando acabes de leerlo, te garantizo que tu valor como mujer va a aumentar considerablemente y por consiguiente cambiará positivamente tu suerte en el amor.

Empezaré por decirte que el origen de todas tus desilusiones, frustraciones y caídas amorosas está fundado en tu baja autoestima y el poco valor que te has dado. ¿Qué significa esto? Que antes de aprender el secreto de las mujeres más deseadas —de esas que enloquecen a los hombres de tal manera que los tienen comiendo de la mano y las tratan como reinas— tienes que aprender a valorarte como mujer y tener una autoestima de 10. Cualquier puntuación por debajo de 10 te pone en una cuerda floja en la que corres el riesgo de caerte reventada.

El éxito y la felicidad en tus relaciones amorosas van a depender de tu nivel de autoestima. Cuanto más bajo sea, mayores serán los desprecios y faltas de respeto que soportarás. Por el contrario, cuanto más alto sea, menos los desplantes y ofensas que aceptarás.

Cuando sufres del mal llamado "autoestima por el piso" pasas tu vida tratando de entender por qué no eres feliz y sin darte cuenta le echas la culpa de tu desdicha a la gente y situaciones que te rodean, pero en realidad tus problemas están en proporción directa con tu grado de amor propio.

Es decir, si tú opinas que eres una mujer ignorante, aburrida y fea, jamás encontrarás a un caballero inteligente, chistoso y guapo. De la misma manera, si te consideras inteligente, atractiva y generosa, créeme que no te va a pedir el teléfono un hombre burro, deforme y tacaño. En fin, "dime tu nivel de autoestima y te diré quien te pretende".

> **Tu suerte en el amor va a la par con la opinión que tengas de ti misma. Es imposible que encuentres una pareja mejor de lo que crees merecer.**

¿Y cómo descubres si careces de amor propio? Si has vivido alguna de las siguientes situaciones con una pareja, ten por seguro que tu prioridad no eras tú.

- *Te pusiste una venda y aceptaste sus mentiras*
- *Justificaste su frialdad y falta de atenciones*
- *Soportaste más de una infidelidad*
- *Toleraste alguna adicción: drogas, alcohol, pornografía o apuestas*
- *Aceptaste sus celos infundados o compulsivos*
- *Permitiste gritos, insultos o humillaciones*
- *Aguantaste golpes físicos*
- *Lo mantuviste: le diste techo, comida, carro, sexo ¡y hasta dinero!*

Síntomas del mal

Existen innumerables comportamientos que indican que puedes tener problemas de autoestima, pero aquí te presento los tres que más desencadenan fracasos amorosos. Todos están inspirados en mujeres que he conocido. Las conductas que voy a describir a continuación están revestidas de un toque de sarcasmo y humor. Aquí te presento a Dora, Sisa y Ada.

Dora, la boxeadora

Como lo dice su apodo, esta mujer se pasa toda la vida repartiendo puños a granel, pero no a otras personas y mucho menos a un saco de arena, sino que se golpea ella misma. Y qué muchos trompazos se da; "¡Golpe bajo a la confianza, gancho de izquierda al amor propio y puñetazo directo a la autoestima!"

La mayoría de las mujeres con baja autoestima comparten las mismas inseguridades que proyecta "la boxeadora". Cada vez que te criticas despectivamente estás haciendo lo mismo que un boxeador cuando ataca a su contrincante en diferentes puntos del cuerpo. Poco a poco, lo debilita y finalmente lo derrota de tal forma que cuando cae al suelo no puede levantarse. Eso mismo es lo que haces contigo cuando te menosprecias; terminas noqueada con la autoestima por el piso, ¡y qué difícil es levantarla!

Algunos de los golpes más populares con los que las mujeres atacan sus cuerpos son: "Qué gorda estoy, parezco una ballena", "Odio mi celulitis, no me cabe un hoyo más", "Detesto mi nariz de tucán", "Qué enorme tengo el culo", "Mis senos parecen dos huevos fritos", "Tengo dos palillos de diente por piernas" o "Estoy más arrugada que una pasa". Todas las mujeres tenemos algo de qué quejarnos, sobre todo cuando se trata de nuestro físico. Incluso, cuando estamos arregladas dudamos de nuestra belleza.

Esto lo comprobé en un evento donde estuve rodeada de mujeres muy elegantes. Allí me encontré con una amiga del colegio, a quien no veía en dos décadas. Cuando la saludé me sorprendí de lo bien que lucía.

—¡Te ves igualita!

—¡¿Estás loca?! —exclamó casi regañándome.

—Me encanta tu cabello.

—Este pelo es teñido, estoy llena de canas y para colmo últimamente me estoy quedando calva; estos rizos son extensiones y me costaron un ojo de la cara —explicó mientras se tocaba un mechón.

—Pues, si no me lo dices, jamás lo hubiera imaginado; realmente te conservas muy joven. Tienes que darme tu secreto.

—¿Secreto? Parece que no ves bien de lejos; acércate para que aprecies estas patas de gallo, no hay Botox que las detenga —dijo a la vez que señalaba las arrugas de los ojos.

—Mujer, no seas tan dura contigo, ¡deja de golpearte! —le aconsejé.

Y así como ella, a la mayoría de las mujeres les es difícil aceptar un elogio. ¿Qué te cuesta decir gracias?, y por si no lo sabías, los elogios son buenísimos para elevar tu autoestima. Por eso, los sicólogos recomiendan elogiar a los niños y hacerles saber lo inteligente y lindos que son, para que crezcan emocionalmente saludables.

Los elogios también ayudan a los adultos. Fíjate en lo bien que te sientes cuando llegas arregladita a tu trabajo y varias personas te dicen: "¡Qué linda te ves hoy!" Eso te hace sentir más segura y caminas más erguida.

Los halagos realmente son un regalo que te obsequia otra persona. ¿Te imaginas lo mal que te sentirías si, luego de haberle dado a alguien un regalito con tu mejor afecto y buena intención, esa persona te dice: "Ay, tómalo de vuelta porque no me gusta lo que me diste."? ¡Qué desagradable!, ¿no? Te sentirías mal y hasta pensarías: "No le vuelvo a hacer un regalo jamás." Pues eso mismo siente quien te ofrece un elogio y tú lo rechazas porque piensas que es una exageración, una equivocación o simplemente alguien que te quiere hacer sentir bien. En el fondo tu falta de autoestima es lo que te hace alérgica a los halagos.

La próxima vez que te elogien, créelo, acéptalo con una sonrisa y sólo di: "muchas gracias".

Cómo elogiarte tú misma

Desde hoy comienza a repetir diariamente afirmaciones que reparen tu autoestima: "Acepto mi imagen", "Me gusta mi apariencia", "Soy única". Es posible que al principio te sientas tonta y pienses "¿A quién estoy engañando?". Es normal, puesto que llevas muchos años golpeándote y has creado el hábito de maltratarte. La buena noticia es que este comportamiento destructivo se puede cambiar. Toma únicamente 21 días para que una nueva conducta se cristalice y se haga permanente en tu vida.

Esto lo aprendí de uno de mis libros favoritos: *El monje que vendió su Ferrari* de Robin Sharma, quien explica "La regla mágica del 21". Sharma asegura, y yo reitero —porque lo experimenté— que es posible acostumbrarte a una nueva acción y crear un nuevo hábito si la practicas consecutivamente por 21 días, ¡sin ningún día libre, incluyendo también los feriados!

En mi caso, después de haber luchado por largo tiempo con el sobrepeso y la falta de interés en hacer ejercicio, hoy día tengo el hábito de caminar o trotar todas las mañanas. Y cuando no lo hago, me siento como un pez fuera del agua. Esta nueva rutina que cambió mi vida la establecí a partir de "La regla mágica del 21".

Lo mejor de todo es que para llevar a cabo esta regla, no hace falta dinero, estudios o compañía, todo lo que necesitas son días, y los únicos que no poseen días son los muertos. Así que si estás viva, ¡no hay excusas! De la misma manera que yo logré crear la costumbre de hacer ejercicio diariamente, tú puedes hacer el hábito de acariciar, mimar y halagar tu autoestima los 365 días del año.

Asume el reto de los 21 días ahora mismo. Quiero que veas tu calendario y hagas una marca en el día de hoy como el inicio de un compromiso para decirte a ti misma las frases positivas que mencioné anteriormente. Es esencial que hagas este cambio para modificar tu suerte en las relaciones amorosas. La opinión que tengas de ti misma es precisamente lo que un hombre "olerá" y percibirá de ti.

El peligro de compararte

Date valor y deja de compararte con otras. La raíz de todas las insatisfacciones que tienen las mujeres se originan en la comparación. Cualquier queja o inconformidad que tengas viene de compararte; nadie protesta por algo sin antes, consciente o inconscientemente, haberse comparado con alguien que considera mejor.

El problema es que siempre va a existir otra que sea más bella que tú o que tenga más dinero, más inteligencia, más fama, más poder o más suerte en el amor. Pero al mismo tiempo, siempre habrá otra menos bella, con menos dinero, menos inteligencia, menos fama, menos poder o menos suerte en el amor. Todo depende de cuál sea tu punto de comparación.

Si te paras al lado de una mujer que tiene cuerpo de guitarra, cabellera sedosa y piel de porcelana como la hermosa Jennifer López, te sentirás opacada. Pero si te comparas con una de cuerpo ovalado, dientes chuecos, nariz de bruja y cara malhumorada, sin duda, te sentirás la mujer más hermosa.

Deja de compararte, acepta que todas somos diferentes y que cada cual tiene sus defectos y encantos. No existe el cuerpo ni la cara perfecta.

Cuando veas a las modelos en las revistas no envidies su belleza, pues no son reales. Todas las fotografías están retocadas. A las modelos les alargan las piernas, les reducen el estómago y les moldean la cintura para que se vea más pequeña. Los estudios muestran que únicamente el .03% de las mujeres realmente poseen este tipo de figura, es decir, ¡son una excepción a la regla! Es prácticamente imposible que te parezcas a una de ellas. Si no me crees busca en Internet fotos de celebridades sin maquillaje. Se te hará difícil reconocerlas: sin pintura ni se parecen a como creías que eran.

Si en este momento no estás conforme con tu apariencia física, te aseguro que te ves muchísimo mejor de lo que piensas. Si no me crees, reflexiona sobre lo siguiente:

Imagina que hoy te maquillas, te pones linda y te tomas una foto con tu cámara y guardas esa fotografía en una gaveta por diez años. Al cabo de una década, la sacas y la miras detalladamente. No hay duda de que vas a exclamar: "¡Guau, qué bella y fabulosa me veía hace diez años!"

¿Sabes qué? Así de fabulosa te ves ahora. De aquí a diez años darías cualquier cosa por verte como luces en este momento. No tienes que esperar una década para alabarte y darte cuenta de que hoy te ves espectacular.

¿Por qué insistes en pelear contigo? Deja de actuar como si tu cuerpo y tú estuvieran en un cuadrilátero. Lo peor de todo es que no sólo agredes a tu cuerpo, además, para rematar, también le das una paliza al intelecto. Cuántas veces has hecho declaraciones como éstas: "Soy un desastre para los números", "La cabeza no me da para estudiar una carrera", "El inglés no me entra por ningún lado", "Estoy tan vieja que no aprendo nada" o "No acabé la escuela, por eso soy tan burra".

Todos los pensamientos negativos y el ataque que cometes contra ti misma son un reflejo de las heridas emocionales del pasado que no has podido superar. Tal vez fue el divorcio de tus padres, el abandono de unos de tus progenitores, una infancia rodeada de maltratos y rechazos, una tragedia familiar, una traición o alguna experiencia que te marcó profundamente. Ese momento o situación que quedó contigo para siempre, hoy te hace sentir avergonzada o culpable, lo cual a su vez te hace creer que estás condenada a una vida mediocre, te golpeas con el puño letal: "No merezco ser feliz", y por eso acabas en relaciones en las que no te sientes plena.

La boxeadora, como se siente tan inferior, cuando aparece alguien que le dice "que linda eres", no lo puede creer y se siente afortunada de que alguien se haya fijado en ella. Por esta razón es tan susceptible a caer con el primero que le eche tres flores, así sea un bueno para nada. Y aunque vea signos de alerta que indican peligro, se queda con él por miedo a no encontrar a otro que se fije en ella.

Es momento de retirarte del cuadrilátero y acabar la pelea. Admira tus atributos y deja de sentirte inferior. No importa lo que haya sucedido anteriormente en tu vida, hoy puedes tomar la decisión de quitarte los guantes y ser feliz.

Sisa, la indecisa

Una de las principales causas del fracaso es la indecisión. Así lo asegura Napoleón Hill, un escritor reconocido mundialmente por sus ensayos sobre el éxito. Él defiende que las personas fracasadas se demoran una eternidad en tomar una decisión y finalmente cuando se deciden, su inseguridad los hace cambiar esa opinión inmediatamente.

Por el contrario, los individuos exitosos toman decisiones rápidas y si tuvieran que cambiarlas, lo piensan muchísimo antes de hacerlo.

Ése es el problema de "Sisa, la indecisa", le toma mil años determinar algo. No puede tomar una decisión sin la ayuda de otro, se comporta como una bebé. Como bien sabemos, un infante no puede pensar por sí solo; necesita que alguien tome todas las decisiones por él. Desde qué va a comer, a qué hora se va a bañar, qué ropita se va a poner y hasta cuándo se le va a cambiar el pañal. Según pasa el tiempo, ese bebé crece hasta que llega el momento en que se independiza y decide por sí mismo lo que más le conviene. Suena absurdo, sin embargo existen mujeres "hechas y derechas" que siguen actuando como bebés; simplemente, necesitan de otras personas para funcionar. Saben limpiarse el trasero, pero no pueden decidir siquiera si respirar o no debajo del agua.

Todas hemos conocido alguna "Sisa", una indecisa que no mueve un pie sin antes preguntarle a los demás lo que tiene que hacer; desde cómo buscar trabajo, qué decoración elegir y hasta consultar si darle el "sí" o el "no" a un pretendiente.

Cuando una mujer necesita constantemente de la opinión de otros es porque no confía en su propio juicio. Le aterra equivocarse y luego arrepentirse.

Tengo una amiga que no puede salir de su casa sin antes llamar por teléfono y consultarme.

—María, ¿recibiste mi mensaje de texto?

—Vi que enviaste algo, pero estoy superocupada terminando la columna de esta semana que tengo que entregar dentro de una hora y no he tenido tiempo de leer los textos.

—Ay, perdona que te moleste, pero es una emergencia —dijo consternada.

—¿Qué pasó?

—Es que el chico que conocí en Internet me invitó a tomar un trago esta noche. Estoy desesperada porque no sé qué ponerme.

—¿Ésa es tu emergencia? —pregunté sarcásticamente.

—Sí, es que tengo miedo de meter la pata y ponerme algo que no le vaya a gustar. Te mandé siete fotos con diferentes combinaciones para que me digas por cuál me decido.

Aun con lo ocupada que estaba me tomé el tiempo para ver las fotos y le sugerí usar el traje negro. Pero, cuando me fui a despedir me interrumpió:

—María, una última cosita... rapidito antes de colgar. ¿Te acuerdas que te comenté el otro día que quiero cambiar de *look*? Me da terror que no me vaya a quedar bien. ¿Crees que unos rayitos rubios como los tuyos me quedarían bien?

—*Mija*, cómo rayos te voy hablar de rayitos cuando te dije que tengo un trabajo importante que acabar.

Pero eso no es todo, en una ocasión esta amiga se quedó encerrada en el ascensor del edificio donde vive y me llamó para preguntar si debía llamar a los bomberos, apretar el botón para emergencias o tratar de abrir la puerta ella misma. Recuerdo que me dieron ganas de decirle que hiciera lo que haría un bebé: ¡llorar y gritar!

El tango y las decisiones

Si eres una de esas mujeres que pregunta todo porque te da pánico equivocarte, te advierto que eres la presa perfecta para caer en la garras de un hombre que no te conviene. Esos que son aprovechados o buenos para nada. Estos individuos perciben tus inseguridades a millas de distancia, y saben que les será fácil dominarte y tenerte a sus pies.

Cuando no eres capaz de tomar decisiones tan banales como escoger entre pollo y salmón en una cena o qué color de auto comprar, qué se puede esperar del momento en que tengas que decidir sobre asuntos trascendentales como: ¿Formalizo mi relación con este muchacho o busco un mejor candidato? ¿Dejo a mi esposo o le doy otra oportunidad? ¿Salgo embarazada pronto o espero un tiempo? ¿Regreso a la escuela este año o el próximo? ¿Compro casa o sigo alquilando? ¿Regreso a mi país natal o me quedo aquí?

Decisiones, decisiones... ¡qué difíciles son de tomar!; es casi como aprender a bailar tango. Al principio te sientes tan insegura como una cucaracha en un baile de gallinas, lo cual es normal cuando entras en territorio desconocido.

Un instructor profesional de tango que conozco una vez me dijo que lo más importante para aprender este baile no es tener ritmo o saber inclinarte, y mucho menos tener sangre argentina. Lo primordial es tener la disposición de hacerlo, porque una vez que tomas esa decisión, automáticamente descubres que eres capaz de dar el primer paso, en la pista y en tu mente.

Cómo tomar decisiones importantes

Me atrevería a decir que el 95% de las llamadas que recibo en mi programa de radio son de personas confundidas que no saben qué decisión tomar. Algunas no son tan difíciles de tomar, pero muchas son supercomplicadas, como la que tuvo que enfrentar "Laura", una mexicana que vivía en Texas junto a su esposo y tres hijos de seis, ocho y nueve años de edad.

—María, ¡estoy desesperada!

—Cuéntame mi querida Laura, ¿qué sucede?

—No sé qué hacer, por favor ayúdeme a tomar la decisión más difícil que he tenido que enfrentar —dijo acongojada.

Laura me explicó que a su esposo lo acababan de deportar a México porque era indocumentado. Sin embargo, ella y sus niños vivían de manera legal en Estados Unidos. Lo que le atormentaba a ella era que su marido le exigía que regresara inmediatamente a México con los niños. Laura tenía que decidir si se quedaba a vivir en Texas o regresaba a su patria.

Su dilema radicaba en que ambas decisiones tenían sus pros y sus contras. Por un lado, si permanecía en Estados Unidos, ella podía continuar en su buen trabajo. Sus hijos crecerían siendo bilingües, se beneficiarían de excelentes oportunidades educativas, contarían con seguro médico y vivirían en un ambiente seguro, pero lamentablemente extrañarían la presencia y el cariño de su padre.

Por otro lado, si se mudaba a México, sus hijos perderían la seguridad y las oportunidades que brinda Estados Unidos y sería muy difícil para los padres encontrar un trabajo seguro. El único beneficio de cruzar la frontera sería que los niños podrían abrazar a su papá todos los días.

—Qué situación tan fuerte Laura, pero ¿acaso esperas que sea yo quien te diga qué hacer?

—Por supuesto, necesito que me ayude.

—Mijita, lamentablemente yo no tengo la respuesta.

—¡Ay mi Diosito!, no me diga eso por favor —dijo a punto de llorar.

—Cálmate, Laurita. Existe alguien muy cercano a ti que tiene la respuesta y nunca se equivoca; sin embargo, nunca le prestas atención. ¿Sabes quién es?

—Dígame por favor. ¿Quién es?

—¡Tú misma!

Laura quedó perpleja con mi respuesta. Quizás al igual que ella, has tenido una decisión importante que tomar y no has sabido qué hacer. Entonces, buscando una respuesta fuiste con tu mejor amiga para que te aconsejara, acudiste a tu mamá, viste a un sicólogo, y hasta visitaste al sacerdote de tu iglesia para ver si podía hablar de tu caso con "El de arriba". Pero a pesar de tantas consultas, no encontraste la respuesta que te hiciera decir: "¡Ajá, ésta es la solución!"

La razón por la cual no encontraste la respuesta en la opinión de otros es porque el único que sabe lo que te conviene es tu instinto.

También conocido como tu sexto sentido, tu instinto te murmura constantemente lo que debes hacer y qué decisión tomar, pero no le escuchas y buscas respuestas en otros lados.

El ser humano tiene seis sentidos, pero únicamente cinco de ellos están científicamente reconocidos: la vista, el oído, el olfato, el tacto y el gusto. El sexto, la intuición, es un mecanismo subliminal que Dios te dio para preservarte y cuidarte. Los animales también lo poseen, y lo utilizan para protegerse cuando se avecina un desastre natural. Por ejemplo, cuando ocurre un maremoto, muchos animales se salvan porque poco antes de que la ola llegue a tierra se escapan hacia terrenos elevados donde puedan protegerse. Nosotros debemos confiar en nuestro instinto como lo hacen los animales.

Ten en cuenta que por cada decisión que vayas a tomar, existe solamente una opción correcta. Por ejemplo, si contemplas la decisión de quedarte o no en una relación, mudarte o no a otra ciudad, aceptar o no una oferta de empleo, para cada una de estas situaciones sólo hay una decisión que traerá bienestar a tu vida a largo plazo.

Tu instinto no comete errores y puedes consultarlo 24 horas al día, cada vez que necesites tomar una decisión importante.

A la hora de decidir

1. En vez de buscar respuestas en otras personas, toma un tiempo a solas para meditar: relájate, respira profundamente, cierra los ojos y pregúntate qué sucedería al escoger cada una de tus opciones.

2. Presta atención a las sensaciones de tu cuerpo, especialmente en el área del corazón. Si una opción te provoca inquietud e incomodidad significa que tu instinto te está indicando que tomes otro camino. Por el contrario, si una elección te hace sentir relajada y en paz, es sin duda una señal de que es la decisión correcta.

3. Antes de llevar a cabo los pasos 1 y 2, te recomiendo que dejes a un lado tus miedos. Es decir, imagina que eres fuerte y valiente; de esta forma tus temores no podrán confundirte.

Justo en el momento en que tomas una decisión importante, le envías un poderoso mensaje a tu subconsciente de que eres una mujer segura con autoestima alta.

> **Cuando no haces caso a tus instintos, acabas viviendo frustraciones, desilusiones y fracasos. Y además, pierdes tu valioso tiempo.**

Ada, la sacrificada

Hay mujeres que trabajan más que una sirvienta, ¡y sin cobrar un centavo! Ese es el caso de Ada, la sacrificada, quien se pasa la vida de mandado en mandado resolviéndole los problemas a los demás, sacrificando su tiempo para cumplir con los gustos y demandas de todo el mundo.

Personalmente, conozco a varias mujeres como Ada y una de ellas trabajaba conmigo en un estudio de grabación en la ciudad de Los Ángeles. Era una talentosa productora de radio que siempre se quejaba de estar cansada; sus marcadas ojeras eran el mejor testigo de que vivía extenuada. Incluso, había días que se veía descuidada: no llevaba gota de maquillaje, su ropa estaba arrugada y su cabello lucía desgreñado, como pidiendo a gritos una tijera.

Yo suponía que el cansancio de Ada era por las múltiples tareas que realizaba como ama de casa, pues era casada y tenía cuatro niños. Además, le encantaba estar metida en la cocina. Todos los lunes tenía la costumbre de llegar al trabajo con pan dulce hecho en casa, y por lo menos una vez al mes se aparecía en los estudios con unos riquísimos tamales, receta de su abuelita. ¡Esta mujer no descansaba! Un día me la encontré en la cafetería y descubrí otra razón que le robaba sus horas de sueño.

—Hola, Ada. ¿Cómo estás?

—Ay María, aquí comprándome un expreso doble para espantar este sueño que tengo —dijo bostezando.

—¿Qué pasó? ¿No dormiste bien?

—No pegué un ojo en toda la noche; es que a una amiga le reventó una piedra en la vesícula y la operaron de urgencia. La fui a cuidar al hospital, donde pasé toda la noche sentada en una silla durísima. Para rematar, aquella habitación parecía el refrigerador de una carnicería. ¡Hacía un frío espantoso!

—Pero, ¿ella no tiene familia aquí? —pregunté curiosa.

—Sí, tiene. Pero su hermana está embarazada de trillizos y con la panza tan grande que tiene no podía quedarse con ella en el hospital. Su mamá tampoco podía porque está cuidando los nietos.

—¿Esta amiga tiene esposo?

—Sí, claro.

—¿Y por qué no se quedó su marido con ella?

—Porque tenía que descansar.

—¿Cóoomo?

—Él es policía en la cárcel federal y se tiene que levantar temprano porque su turno comienza a las 6:00 a.m.

—¿Acaso tú no madrugas también? —dije molesta con la falta de consideración— tú llegas tempranísimo aquí para producir el programa de las mañanas.

—Yo sé María, pero me da mucha lástima con ella. Además, si le digo que no puedo cuidarla, es capaz de pensar que no soy una buena amiga.

—Disculpa que te diga esto, pero ¡eres una boba! Estoy segura que si fueras tú la que estuviera en el hospital, seguramente ella no dejaría de hacer sus cosas por cuidarte a ti.

No podía creer que a aquella productora tan inteligente y ganadora de varios premios de la radio nacional, la tomaran por zoquete.

Una mujer que actúa como Ada, la sacrificada, siente la obligación de estar siempre disponible al servicio de sus amigos, familiares, vecinos, compañeros de trabajo y hasta de la gente que acaba de conocer. Ella se desvive por complacer a todo el mundo. El continuo deseo por ayudar a otros se convierte en una adicción. Así como el alcohólico no puede vivir sin su botella, Ada necesita hacer más y más por los demás. Sin saberlo, sufre de una enfermedad que el mejor término para describirla es "complaciente crónica". Su comportamiento exageradamente complaciente nace de su terror a no ser querida o aceptada.

Además, Ada se niega a pedir ayuda o favores cuando los necesita porque no quiere ser una molestia para nadie. Ella piensa: "Si otro me ayuda voy a ser una carga y querrá zafarse de mí."

El peligro más grande que corre una Ada es que cree que su comportamiento es normal, pues después de todo piensa que ayudar al prójimo es lo que todo buen samaritano debe hacer.

Algunos de los comportamientos que delatan a una Ada son:

1. No sabe decir que NO aunque tenga limitado el tiempo.

2. Deja de hacer sus cosas con tal de cumplir con los demás.

3. Hace favores todo el tiempo, pero no se atreve a pedir uno.

4. Cree que la forma más eficaz de ganar amor es desviviéndose por otro.

5. Se siente culpable cuando no puede asistir a quien le pide ayuda.

Cuando una persona llega a pensar que tiene que dar tanto para ser amada o aceptada es porque tiene baja autoestima. Si eres como Ada, es muy seguro que no te quieras a ti misma y creas que otros tampoco te puedan querer. Es por eso que te esfuerzas y haces lo imposible por ganar el amor y admiración de los demás. Inconscientemente vives aterrada de perder el cariño de la gente. Dices: "Si no complazco a fulanito, puede dejar de quererme, así que mejor me olvido de mí y hago lo que sea conveniente para que esté feliz."

Y precisamente por eso Ada no tiene suerte en el amor; vive convencida de que sacrificándose puede conquistar el corazón de un hombre y tenerlo a sus pies. Piensa erróneamente: "Él no me va a dejar porque yo me sacrifico para complacerlo y hago todo por mantenerlo contento", "Él no me debe criticar porque yo siempre hago más de lo que me pide" y "Él no me tratará injustamente porque soy extremadamente buena con él".

Pero qué sorpresa se lleva cuando después de tanto esfuerzo, el hombre deja de llamarla, se desaparece y hace *puff*. Su gran empeño por mantenerlo a su lado no le sirvió de nada.

Ada es el tipo de mujer que apenas conoce a un hombre se desborda en atenciones desde la primera cita. En la primera cena, la conversación en el restaurante entre Ada y su pretendiente podría ser algo así:

—Cada vez que salgo a cenar tomo ideas para las suculentas recetas que preparo en casa —dice Ada después de ojear el menú.

—Qué bien, ¿cuál es tu especialidad?

—Tengo varias, pero el filete de pescado en salsa de mango, acompañado con majado de yuca y coles de Bruselas gratinadas es una de las mejores que preparo. Quienes han probado este plato dicen que es el mejor pescado que han comido. ¡Está para chuparse los dedos!

—Mmm... Eso suena sabroso —dice Jairo haciéndosele agua la boca.

—Pues, ¿qué te parece si te preparo ese platillo pasado mañana en la noche? —pregunta Ada antes de que el mesero les haya tomado la orden.

—Me encantaría probar tu receta, me fascina el mango, pero nunca lo he comido con pescado. Entonces comemos en tu casa este fin de semana.

Llegó el sábado y Ada canceló todos los planes previos para poder contar con todo el tiempo que requería preparar una cena de cinco estrellas. Por primera vez en dos años, Ada se ausentó a su clase de yoga, no se reunió a almorzar con sus amigas, ni tampoco fue a darse el masaje que vencía ese día, un certificado de regalo que ganó por ser la empleada del mes en su empresa. Lo que hace días parecía que iba a ser un sábado de pura relajación, se convirtió en un día de puro ajetreo y estrés. Pero así son las Adas, con tal de impresionar a otros hacen cualquier sacrificio, incluyendo perder tiempo y dinero.

Ese sábado el reloj despertador sonó a las cuatro de la madrugada. Ada quería limpiar su pequeño apartamento bien temprano. Luego iría a un mercado orgánico para comprar pescado fresco, vegetales, una buena botella de vino blanco y flores exóticas para colocarlas en varios jarrones. Pero antes de hacer las compras, tenía que parar en el banco para retirar dinero de su cuenta de ahorros, el efectivo que le quedaba en su cuenta corriente no era suficiente para costear los gastos de esa fabulosa cena.

¡Y cómo sudó ese día! Ada estregó los pisos con cepillo, aspiró las alfombras, desempolvó los muebles, limpió el refrigerador, blanqueó los gabinetes de la cocina, pulió los cubiertos de plata que heredó de su abuelita, sacó la vajilla blanca, lavó toda la ropa sucia y hasta se puso a recoger meticulosamente su clóset. Quería que su lugar luciera impecable, al estilo de los niditos de amor que aparecen en la revista de decoración de Martha Stewart.

De los detalles, ni hablar. Llamó a sus amigas y hasta navegó en Internet para averiguar cómo podía recrear una atmósfera apasionada. Encendió unas místicas velas blancas, graduó una luz tenue en las lámparas, y vistió la mesa del comedor con un delicado mantel de hilo blanco. Tal y como leyó en una página de Internet, colocó incienso de canela en la sala, y popurrí de jazmín en su dormitorio, dos fragancias superafrodisíacas.

Faltaban tres horas para que llegara el invitado de Ada y cuando ella se miró al espejo notó que estaba "hecha un desastre"; tenía ojeras, los pelos de punta, sus manos olían a blanqueador y por tanto limpiar, casi no le quedaban uñas. Así que no tuvo otra opción que salir corriendo al salón de belleza de la esquina de su casa para hacerse una manicura rápida y arreglar su cabello.

Finalmente, el reloj marcó las 7:00 p.m., hora de la cena. Su apartamento lucía de revista y la música de fondo no podía ser más romántica. Ada se veía atractiva con un vestido corto en estampado de tigre. Su maquillaje era sencillo y a la vez sensual; sus carnosos labios estaban pintados de rojo.

Pasaron diez minutos de la hora acordada y Jairo no llegaba. Ada se puso ansiosa y si no fuera porque tenía una manicura recién hecha se hubiera comido lo poco que le quedaba por uñas. Finalmente, media hora más tarde de lo acordado, el invitado tocó a la puerta.

—¡Hola bella! —exclamó Jairo sin mencionar alguna disculpa por su tardanza.

—Bienvenido a mi casa. Es un lugar pequeñito, pero espero te sientas a gusto —dijo a la vez que disimuladamente se miraba en el espejo de la pared, asegurándose que su cabello lucía bien.

—¡Mmm... qué rico huele aquí! —suspiró Jairo mientras entraba al apartamento.

—Siéntate que te voy a servir una sangría que te preparé —dijo coquetamente y señaló el sofá.

Durante las siguientes seis horas Ada y Jairo conversaron, se rieron, cenaron, oyeron música, tomaron vino, comieron chocolates, se besaron apasionadamente y sin darse cuenta el olor a jazmín los encaminó a la habitación, donde hubo una explosión de fuegos artificiales.

—Que rico estuvo todo. Eres la mejor chef del mundo —dijo Jairo al momento de despedirse.

—Estoy bien contenta que te haya gustado. Todos los días podríamos hacer esto, realmente no estoy muy ocupada y acuérdate que fui a una escuela culinaria por un año. Si quieres, mañana puedo hacer unas enchiladas verdes de langostinos, y de postre, un *creme bruleé* de chocolate con Grand Marnier.

—Ay, eso suena demasiado tentador y de seguro sería sabroso. Pero creo que voy a estar ocupado los próximos días con unos proyectos especiales. Yo te aviso cuando me desocupe —respondió Jairo un poco tartamudo, como si estuviera inventando una excusa.

—No te preocupes, entiendo que eres un hombre ocupado, pero si tienes un ratito me llamas y hasta podemos vernos por Skype.

—Ok. Te dejo saber —dijo Jairo al despedirse con un beso de piquito, insinuándole que todo lo que había ocurrido esa noche, incluyendo el ardiente sexo, fue un encuentro casual.

Ada y su nueva conquista continuaron saliendo por los próximos tres meses. Se veían a la conveniencia de él, únicamente para comer y hacer el amor en el apartamento de ella.

Aunque Ada hizo lo imposible para impresionar a Jairo, lamentablemente lo dejó indigestado, no por el exceso de yuca, pescado o mango, sino por el exceso de interés, atenciones y cariños.

Cuando te desbordas y te sobras, ¡cometes un gran error! Complacer exageradamente, querer impresionar o ser demasiado buena con un hombre que acabas de conocer es como si le confesaras: "Me estoy muriendo por ti y te necesito urgentemente a mi lado." Una vez él presiente que lo quieren capturar huye en dirección opuesta. La naturaleza del hombre es querer cazar a su presa y no ser cazado.

Cualquier cosa que vaya en contra de ello, ¡simplemente no funciona! Una mujer con alta autoestima jamás se comporta como Ada, la sacrificada, sino que actúa con astucia como la que voy a describir ahora.

Tuta, la astuta

Como dice su apodo, Tuta, la astuta es una mujer superlista que se hace la importante, valora su tiempo y nunca cancela sus planes por otros. En su lista de prioridades, siempre es la número uno, a menos que surja una emergencia.

Ni loca se sobra por un hombre, aun si se tratara de William Levy o Brad Pitt, y mucho menos lo invita a cenar a su casa acabándolo de conocer. No se apresura a dar atenciones. Ella da poquito y despacito. Por eso, espera el tiempo que sea necesario para comprobar que su pretendiente tiene un interés genuino por ella, lo cual le da luz verde para comenzar a consentirlo.

A diferencia de Ada, la sacrificada si Tuta hubiese invitado a un hombre por primera vez a su casa, la velada hubiera sido completamente diferente.

—Tuta, Tuta... ¿estás ahí? —dice su pretendiente frente a la puerta de la casa después de tocar el timbre varias veces.

—¡Ya voy! —grita Tuta a lo lejos.— Estoy saliendo de la regadera.

Después de diez minutos, Tuta abre la puerta y le dice a su invitado que tome asiento en lo que ella termina de secarse el cabello. El hombre camina por el angosto pasillo del apartamento y de repente se tropieza con un par de tenis tirados en el suelo. Luego se va a sentar en la sala, pero primero tiene que mover un bolso, una *laptop* y varias revistas que ocupan el único sofá.

—Disculpa el desorden. Quería llegar más temprano para recoger la casa, pero el maestro de zumba nos regaló una hora extra de clase y tuve que quedarme.

—No te preocupes —dice él, mientras acomoda las pertenencias de ella en una mesa de esquina.

—Ya vuelvo. Ponte cómodo y si quieres beber algo, creo que queda un poco de leche de cabra en el refrigerador o puedes tomar agua del grifo. No he tenido tiempo de ir al mercado.

Tuta tarda más de diez minutos en terminar de arreglarse y regresa a la sala, donde su pretendiente está viendo televisión. Conversan por un rato y Tuta le pregunta si tiene hambre. El muchacho responde afirmativamente y Tuta rebusca en su despensa para ver qué puede ofrecerle. Opta por hacer un sándwich, pero el pan está más duro que un palo, así que cambia el menú. Decide elaborar su especialidad: taquitos al pastor. Pero no los tradicionales que encuentras en los mejores restaurantes mexicanos y que pueden tomar un tiempo largo de preparación, entre condimentar y cocinar la carne, sino la versión rápida.

Tuta prepara este exclusivo platillo colocando una lasca de jamón frío sobre una tortilla de maíz y le agrega unos trocitos de piña enlatada con un poco de salsa de Tabasco. Luego pone los tacos en platos desechables y los calienta en el microondas por 30 segundos, ¡y listo!

Cada uno se comió dos taquitos acompañados por un refrescante y saludable vaso de agua con hielo. Cuando acabaron de cenar, Tuta le mostró a su invitado donde estaba el bote de basura para que desechara los platos.

Durante las siguientes tres horas hablaron de sus metas, contaron chistes, masticaron chicle de fresa como postre, se besaron dulcemente y cuando el hombre imaginó que el juego sensual estaba a punto de comenzar, Tuta lo sorprendió:

—Que bien la hemos pasado, pero me tengo que acostar temprano porque mañana tengo un compromiso —dijo sin dar explicación de a dónde iba tan temprano.

—Qué lástima. Lo he pasado tan bien, ojalá pudiéramos hacer esto todos los días. Me he comido los mejores taquitos al pastor y que conste que soy mexicano.

—¡Qué bueno, pues es lo único que sé hacer!

—Me siento privilegiado de que los hayas preparado para mí. ¿Qué tal si mañana te invito a comer sushi en mi restaurante favorito?

—Gracias, pero el resto de esta semana voy a estar bien ocupada con unos proyectos de mi trabajo. Te aviso cuando tenga tiempo.

Se despidieron con un beso apasionado. La relación continuó y se veían a conveniencia de ella. El hombre quería algo más formal así que más adelante le pidió que fueran novios y luego le ofreció matrimonio.

Si te fijas, Tuta no tuvo que esforzarse para que un hombre quisiera casarse con ella. Ojo, cuando hablo de lo que debemos hacer para conquistar a alguien, no estoy diciendo que seas exactamente como Tuta, la astuta. Tal vez le puedes preparar un mejor platillo y recoger tu apartamento antes de que llegue a visitarte, pero te aseguro, te juro y te perjuro que de las dos mujeres, sin duda, Tuta, la astuta atrae a mejores partidos y tiene más suerte en el amor que Ada, la sacrificada.

Mujeres como Tuta, saben que para enamorar a un hombre, no pueden estar disponibles todo el tiempo. Y es que una vez un enamorado presiente que tiene a una mujer a sus pies, pierde por completo el interés en conquistarla. Recuerda, lo que más disfruta un hombre es tratar de cazar a una mujer que parece difícil de tener. De ahí viene la cantaleta de nuestras abuelitas: "Con los hombres tienes que hacerte la difícil."

Por eso, no le des tanto y tan apresuradamente. Deja que sea él quien se muera por complacerte. Después de todo, por naturaleza el hombre disfruta poder hacer cosas por ti. Esto los hace sentir importantes y eleva su ego por las nubes.

Si sufres de ser "complaciente crónica"; ya sea con un novio, con tu familia, tus amistades o con el jefe, te aconsejo que resistas ese deseo de querer complacer a todo el mundo. Y cuando los otros demanden tu colaboración, atención o ayuda, aprende a decir que NO sin sentirte culpable. La felicidad comienza por quererte a ti misma y no complaciendo a los demás. Ponte a ti en primer lugar y haz lo que sea conveniente para ti. Esto no significa que seas egoísta, más bien demuestra que tienes amor propio.

La clave para encontrar el verdadero amor

Mediante la presentación que hice de Dora, Sisa y Ada te expliqué los comportamientos más comunes que reflejan una baja autoestima, la cual afecta letalmente las relaciones amorosas. Cuando te comportas como cualquiera de estas tres mujeres te conviertes en un imán que atrae hombres buenos para nada, de esos que sólo quieren pasar el tiempo contigo, esperan vivir de ti, únicamente les interesa tener sexo, buscan sacarte provecho, o quieren usarte para olvidar a otra. En fin, que no les interesas para una relación seria.

También quiero dejar claro que además de los comportamientos de Dora, Sisa y Ada existen otros que también muestran baja autoestima, como los "personajes" que presento a continuación:

La víctima: Todo le va mal, espera lo peor y actúa como si todos estuvieran en contra de ella. Se siente tan débil e incapaz de afrontar la vida que opta por echarle la culpa de sus problemas a otros y no acepta que es responsable de su situación.

La celosa: Mujer insegura que teme perder algo valioso o aquello que ama: una pareja, amistades, el cariño de los padres, o cela porque alguien en su trabajo luzca mejor que ella y le quite su puesto.

La juzgadora: Constantemente juzga a otros, lo cual le permite sentirse superior a los demás porque en el fondo se siente inferior.

La exagerada: Piensa que no es lo suficientemente importante y engrandece los hechos; puede incluso cambiar las versiones para impresionar y ser admirada.

La perfecta: Es extremadamente perfeccionista, le da terror fracasar o cometer un gran error. Se moriría si alguien pensara que es incapaz de llevar a cabo una función.

La adicta: Tiene un vacío emocional que no puede llenar con nada, y recurre a placeres temporeros para tratar de saciarlo. Y poco a poco, sin darse cuenta cae en una adicción, ya sea a la comida, a los antidepresivos, a las pastillas para dormir, a los medicamentos para evitar el dolor, a las drogas ilegales, al alcohol o a la nicotina, por mencionar algunos de los vicios más comunes.

Estos comportamientos que acabo de mencionar, no sólo te afectan en el amor sino también en otras relaciones, como las familiares, de amistad y de trabajo.

Cuando sufres de baja autoestima, inconscientemente piensas que no eres capaz de encontrar una buena pareja, por eso vives convencida de que no eres merecedora de lo mejor y aceptas a alguien que realmente no te merece. Es por eso también que cuando conoces a un hombre encantador estás perpleja y no puedes entender cómo se fijó en ti.

El momento en que crees que alguien es mejor que tú, ¡pobrecita de ti! porque estás en peligro de darlo todo a cambio de nada. Inconscientemente piensas: "Tengo que esmerarme y dar todo lo posible porque él es mucho para mí." Este pensamiento destructivo está basado en el terror a no encontrar a otro tan bueno como el candidato que acaba de caer del cielo, aunque más adelante descubras que realmente era un diablo vestido de ángel.

La falta de amor propio provoca demasiados errores no sólo en el amor, sino en todas las áreas de tu vida. Cuando no te quieres lo suficiente, inconscientemente tomas decisiones que no te ayudan a ser feliz y a conseguir lo que deseas.

La clave para encontrar el verdadero amor en tu vida consiste en amarte más a ti misma. Y te preguntarás: ¿Cómo puedo quererme más? Todo el mundo te aconseja que eleves tu amor propio, pero nadie te dice cómo se logra. Voy a explicártelo de una manera sencilla y que puedas poner en práctica.

Es fácil amar a tus hijos, a tu mamá, a tus sobrinos, a tus amigos o a tu mascota, pero qué difícil es amarte a ti misma. La razón por la que te nace tan fácilmente amar a tus seres queridos es porque has establecido una conexión con ellos por medio de los momentos que han pasado juntos. Por ejemplo, cuando compartes con un familiar, amigo íntimo o una pareja pueden escucharse, olerse, mirarse, acariciarse, besarse, abrazarse, consolarse, amarse y reírse juntos. Es decir, por medio de tus sentidos desarrollas un profundo amor que te permite quererlos con todo tu corazón aun en la distancia.

Sin embargo, cuando se trata de establecer una relación con tu persona es difícil porque nada de lo que mencioné anteriormente lo haces contigo.

Piensa por un instante: ¿Cuántas veces te has dado un abrazo? ¿Cuántas veces te has hablado a ti misma para decirte lo bien que te ves? ¿Cuántas veces has pasado tu mano sobre tu hombro para consolarte o animarte? ¿Cuántas veces te has mirado al espejo para decirte lo orgullosa que estás de ti?

Para aumentar tu nivel de amor propio tienes que aprender a tener una relación contigo, como la que tienes con un ser querido. Aunque suene cursi o descabellado deberías regalarte un abrazo de vez en cuando y todos los días mirarte al espejo para decir: "Qué divertida eres y qué bien me caes, te considero mi mejor amiga."

Trátate igual que a las personas importantes de tu vida. Por ejemplo: ¿Exhortarías a tu hijo a ingerir alimentos saludables y ejercitarse? ¡Sin duda! ¿Alentarías a tu papá para que dejara de fumar? ¡Claro qué sí!

¿Aconsejarías a tu mejor amiga a que mande a volar a ese hombre que no la aprecia? ¡Por supuesto! Entonces, haz por ti lo mismo que harías por aquellos que valoras.

> **Cuando te amas, automáticamente actúas de un modo que mejora tu calidad de vida, tanto emocional como física.**

Te sugiero que de hoy en adelante cuando tengas la tentación de hacer algo que no te conviene, reflexiones sobre esta pregunta crucial: "¿Esta acción demuestra que me quiero, o refleja indiferencia?"

Por ejemplo, cuando sientas el irresistible deseo de comerte un pedazo de torta de chocolate, encender un cigarro o llamar al hombre que te ha hecho tantos desplantes, antes de hacerlo, pregúntate: "¿Esta acción demuestra que me quiero, o refleja indiferencia?"

La respuesta a esta interrogante te dará la motivación que necesitas para tomar la decisión correcta y demostrar tu cariño propio. En tu compromiso de quererte más, celebra cada acción que te ayude a lograrlo. Si en algún momento fallas en tu intento, en vez de culparte o frustrarte, demuestra tu amor propio buscando un nuevo plan o una solución.

Toma tiempo establecer el nuevo hábito de amarte más, pero mientras más lo practiques mejores resultados obtendrás. Hoy es el día perfecto para comenzar a amarte más. Cuando aprecias el ser maravilloso que eres, te quieres de tal forma que solamente aceptas en tu vida a un hombre que realmente te merezca y se muera por hacerte feliz.

> **El principal error que cometen las mujeres en las relaciones es no amarse a sí mismas.**

Ejercicios:

1) Ve la página 20 y fíjate en la calificación que te diste sobre tu autoestima y apunta el número aquí ____. Ahora te pregunto: ¿Qué atributos te faltan para considerarte un diez?

1. _____

2. _____

3. _____

4. _____

5. _____

2) Para convencerte de todos tus atributos físicos comienza por pararte frente al espejo. Mírate y oblígate a hallar un punto positivo por cada punto negativo que encuentres. ¡Y no me digas que no puedes hallar ningún atributo! Por ejemplo, si te acompleja tu panza, piensa en los rasgos que te gustan, como tu bonita cabellera, ojos expresivos, labios carnosos, cutis radiante o hasta los dedos sensuales de tus pies. Cuando comienzas a crear conciencia y enfocarte en tus atributos de repente empieza a bajar la intensidad de los golpes a tu cuerpo, aceptándote tal como eres.

1. _____

2. _____

3. _____

4. _____

5. _____

3) Piensa en tres ocasiones que hiciste algo que realmente no querías hacer, pero lo llevaste a cabo para complacer a alguien. Luego escribe al lado de cada acción la consecuencia de no hacer lo que te pidieron.

Por ejemplo: Fui a buscar al colegio a los hijos de una amiga cuando yo estaba ocupada.

Consecuencia: Si le hubiera dicho que no, ella hubiera buscado a otra persona.

1. _____

Consecuencia: _____

2. _____

Consecuencia: _____

3. _____

Consecuencia:

4) Escribe todos los pros y los contras de tomar una decisión importante que llevas posponiendo.

_____

_____

_____

_____

_____

_____

5) Escribe tres acciones que hayas llevado a cabo para tratar de mantener a un hombre a tu lado. Es decir, en qué manera te has sobrado para que una persona te quiera.

1. _____

2. _____

3. _____

"LA FALTA DE AMOR PROPIO ALIMENTA TUS MIEDOS, POR ESO NO TRATES DE SER MÁS VALIENTE, MEJOR INTENTA QUERERTE MÁS."

ERROR Nº 2:
Te haces la ciega y sorda

Imagina que estás supercómoda en el sofá de tu sala viendo tu telenovela favorita mientras devoras una pinta de helado de chocolate. Inesperadamente, percibes un fuerte olor a quemado y en vez de levantarte a ver qué se puede estar incendiado, sólo te pasa por la cabeza: "La vecina de arriba le quemó la camisa al marido con la plancha" o "La vieja de al lado volvió a achicharrar los frijoles".

Dos o tres minutos más tarde suena la alarma de fuego de tu edificio, pero eso tampoco te hace levantar del sofá. Más bien te enfurece el estruendoso ruido de la alarma porque no te permite oír el diálogo de la telenovela.

Más adelante escuchas una voz a través de un altoparlante: "Favor de desalojar sus apartamentos, deje sus objetos materiales, traiga sólo a sus mascotas. Esto es una emergencia."

De repente, oyes a lo lejos un concierto de sirenas que se acerca proveniente de los vehículos de los bomberos, la policía, los paramédicos y hasta de un equipo del S.W.A.T.

Aun así, no prestas atención a lo que está pasando y decides poner a todo volumen el audio del televisor para tapar el escándalo y poder escuchar la confesión de amor entre los protagonistas de la telenovela.

Finalmente, escuchas a una mujer histérica en el pasillo que grita: "Fuego, fuego, Diosito ayúdanos, nos vamos a quemar." En ese mismo momento pasaban los comerciales. Ahora sí tienes tiempo para caminar hasta la puerta de tu apartamento; la abres y ves una manada de vecinos, perros, gatos y cotorras corriendo hacia las escaleras. En ese instante te preguntas: "¿Será verdad que hay un fuego en este edificio?" Y cierras la puerta.

No te preocupa huir porque todavía no te convences de que estás en peligro. Lo que sí te alarma es el humo que acaba de colarse por la puerta de tu apartamento, así que buscas un rociador de manzana y canela para eliminar los olores desagradables. Estás tan molesta con la histeria y las sirenas que decides ponerte resignadamente unos tapones en los oídos.

¡Qué necedad! ¿Te imaginas que actuaras así ante una emergencia de tal magnitud? ¡Qué locura! Solamente si fueras ciega y sorda se podría justificar que actuaras de una manera tan irresponsable, imprudente y alocada.

Esta narración de un incendio en un edificio te parecerá descabellada, pero déjame decirte que así actúan muchas mujeres cuando se trata de una relación amorosa.

> **Algunas actúan como idiotas; ven que un hombre da indicios de que va a ser un mal partido, sinvergüenza y traicionero, pero ignoran las señales de alerta.**

¿Por qué nos hacemos las ciegas? Por miedo a quedarnos solas y no encontrar pareja. Hay quienes aceptan a alguien que no comparte sus valores, principios, intereses, gustos o sueños, pero continúan porque piensan: "¿Y si no aparece otro?"

Podemos decir que todas hemos jugado con fuego en alguna conquista amorosa. Jugar con candela significa que aun sabiendo que una pareja no te conviene o es peligrosa para ti, sigues con la esperanza de que la relación pueda funcionar. Algunas mujeres siguen jugando con fuego porque piensan que nunca se van a quemar.

Mi propósito en este capítulo es mostrarte qué señales de alerta te avisan que alguien no te conviene. Voy a enseñarte cuáles son los rasgos más comunes de los varones a los que debes huirle.

Después de examinar los siguientes tipos de hombres podrás reconocer si vale la pena o no intentar una relación con tu próxima conquista. Te garantizo que luego de leer sobre ellos jamás podrás hacerte la ciega o la sorda.

Hombres para huirles

Tras múltiples investigaciones, entrevistas y encuestas, así como con las conversaciones que tengo frecuentemente con mis radioescuchas, he llegado a la conclusión de que existen ocho personajes que bajo ninguna circunstancia debes dejar entrar a tu vida. ¡Ni tan siquiera para sacar otro clavo!

1. El Bad Boy

Esta clase de hombre es adicto, pero no a las drogas o el alcohol. Más bien su vicio es enamorar apasionadamente a la mayor cantidad posible de mujeres. Mientras más mujeres logre conquistar y llevar a la cama, más se eleva su ego. Mide su éxito de acuerdo al número de damas que pueda engañar.

No importa con qué mujer se relacione, tarde o temprano se cansa de ella porque siempre está buscando una mejor. Puede salir con varias a la vez, luego de un tiempo evalúa la que más le gusta y con esa permanece por una temporada. Entonces, cuando esa mujer le exige más atención, más tiempo y más formalidad, él se ve obligado a dejarla ir porque le tiene terror al compromiso. Nunca puede establecer una relación formal y duradera porque está convencido de que existe otra mujer mejor que la que acaba de soltar.

A continuación, te presento los comportamientos más peculiares de un *Bad Boy*. Si un hombre reúne cinco o más de estas conductas, ten por seguro que no te conviene, así que aléjate y no intentes conocerlo más.

- *Acabando de conocerte te comenta: "Jamás había conocido a una mujer como tú."*

- *Sin tú preguntarle saca el tema de la expareja y habla negativamente de ella. Esto es un mecanismo para hacerte pensar que tú puedes ser mejor que su ex y por lo tanto ganarte su corazón.*

- *En sus primeras conversaciones hay muchas insinuaciones sexuales.*

- *Rápidamente te invita a su apartamento o quiere ir al tuyo.*

- *Dice todo lo que siempre habías querido escuchar de un príncipe azul. Por ejemplo: "Soy un hombre romántico, no tengo vicios, me encantan los niños, me gusta cocinar y me fascina viajar bien acompañado."*

- *Es supercarismático y encantador. Tiene una personalidad entretenida.*

- *En muchos casos posee un prestigioso puesto laboral.*

- *Generalmente es guapísimo y sabe vestir muy bien.*

- *Cuando habla "te derrite". Tiene un poder hechizante para seducir verbalmente.*

- *Nunca hace planes a tiempo para salir. Siempre te invita a última hora.*

- *Repetidamente cancela compromisos que tenía contigo, con una excusa que aparenta ser "muy válida".*

- *En el momento que salen juntos deja su celular en el carro, lo apaga o lo silencia; evade contestar sus llamadas.*

- *Mientras están en una cita le echa el ojo disimuladamente a otras mujeres.*

Aun con estas señales, que después de leerlas, cualquiera diría: "Ni loca me meto con un hombre así", existen muchas mujeres que se sienten atraídas por estos *Bad Boys*, también conocidos como chico malo, casanova, mujeriego o picaflor, con un largo historial de infidelidades.

Sin duda, es inmensamente tentador caer con uno de estos hombres ya que los primeros días son muy intensos con innumerables llamadas, notitas sentimentales, cenas románticas, flores y conversaciones íntimas que enamoran hasta a la más dura de las mujeres.

Una dama que nunca antes ha sido seducida con tanta pasión e intensidad se enamora ciegamente de este galán encantador. Y cuando el *Bad Boy* está seguro de que la tiene a sus pies, la intensidad de la relación disminuye. Entonces, la frialdad y el alejamiento comienzan a relucir porque decidió buscar una nueva víctima.

> **Las mujeres más propensas a caer en la trampa de un *Bad Boy* son aquellas a las que les gustan los retos y piensan: "Yo soy diferente... conmigo va a cambiar."**

Este es un reto muy peligroso porque estos hombres serán los mismos toda la vida nunca cambiarán.

Algunos expertos dicen que el *Bad Boy* en realidad es un hombre inseguro y dolido. No recibió suficiente amor de niño para desarrollar una autoestima saludable. Por esta razón no tiene la habilidad de amar o ser amado. Pero independientemente de la razón por la cual estos hombres actúan así, no dejan de ser mentirosos y egoístas. Y la culpa no la tiene él, sino la mujer que se presta a entrar en su juego.

No aceptes en tu vida a alguien que lo único que puede ofrecerte es vivir unos primeros días de "enamoramiento intenso" y que luego te lleva de desplante en desplante. Tú mereces mucho más que eso. Si estás dispuesta a aceptar en tu vida a un hombre que únicamente te ofrece un intenso galanteo premeditado, te pregunto: ¿Por qué te conformas con tan poco? ¡Tú mereces mucho más!

2. Narciso el Bello

<u>Advertencia:</u> Serán muchas las mujeres que luego de leer sobre este tipo de hombre tendrán una gran revelación y dirán: "¡Qué ciega estaba! Me enamoré de un narcisista y ni cuenta me di."

La razón por la cual tantos narcisistas pasan desapercibidos es porque son extremadamente encantadores. Al inicio, su misión es cautivarte y que establezcas lazos estrechos con ellos. Poco a poco te hechizan y cuando ya estás en la boca del lobo, pierdes la perspectiva de lo que debes o no aceptar en una relación. Por eso, es sumamente importante que estés enterada de los comportamientos de un narcisista para que puedas reconocerlo.

Te pregunto: ¿Qué te viene a la mente cuando escuchas la palabra "narcisista"? La primera vez que yo escuché este término fue cuando estaba en la secundaria. Recuerdo que José Ramón, un compañero de clase, con ojos verdes y muy alto, siempre tenía en su bolsillo un espejito que sacaba durante las clases. Con una mano agarraba el espejo y con la otra se quitaba el brillo de la cara, se palpaba los cachetes y se manoseaba la barbilla. Parecía que quería asegurarse que no le iba a salir ningún granito. En una ocasión la profesora de inglés le confiscó el espejo y le dijo: "A ti te debieron haber puesto por nombre Narciso y no José Ramón." Y así fue como asocié que un tal Narciso fue alguien obsesionado con su apariencia.

Más tarde descubrí la relación entre los espejos y el nombre de Narciso. Existe un cuento de la mitología griega que relata la historia de un hermoso joven que contemplaba su reflejo en las aguas de un estanque y no podía dejar de verse a sí mismo. Se enamora de su propia imagen de tal forma que es incapaz de tocar la quietud del agua para evitar que su imagen se distorsione.

Es por esto que cuando muchos escuchan la palabra "narcisista" suponen que se trata de alguien vanidoso y creído; de esos que viven en el gimnasio, visten impecables y van al *spa* a hacerse faciales. Pero el narcisismo es un comportamiento que va más allá de creerse lindo o ser presumido. En sicología es conocido como Trastorno Narcisista de la Personalidad. La mayoría de los expertos aseguran que los hombres llevan la delantera en este campo. Del total de personas narcisistas, un 80% pertenece al sexo masculino.

Tras mi divorcio tuve la oportunidad de conocer y salir con un encantador narcisista. Era una noche de verano, había salido a cenar con unas amigas y cuando me dirigía a mi auto me encontré en el ascensor al mismo hombre que en el restaurante me había sonreído varias veces. Desde el primer contacto visual noté que Gabriel era un tipo encantador, algo que comprobé en la breve conversación que tuvimos en camino al estacionamiento. Intercambiamos números de celular y nos encontramos el sábado siguiente en un restaurante de Miami.

Cuando llegué al lugar encontré a Gabriel hablando con la anfitriona en un tono elevado y poco amistoso.

—¿Cómo es posible que tenga que esperar 15 minutos si llamé y reservé mi mesa para las 7:00 p.m.?

—Señor, por favor entienda que la persona que estaba tomando las reservas se equivocó.

—A mí no me importa que una inepta no sepa hacer su trabajo. ¿Para qué tienen a gente tan bruta contestando el teléfono? Lo único que quiero es que nos den una mesa ya.

—Señor, como le comenté anteriormente, tiene que esperar sólo 15 minutos. Tenga por seguro que lo llamaremos antes si se desocupa una mesa —aseguró la muchacha nerviosa y con voz temblorosa.

Gabriel estaba tan molesto que ni cuenta se dio de que yo había llegado.

—Hola Gabriel.

—Hola mi amor. ¡Qué bonita te ves! El color azul turquesa te queda espectacular —me piropeó y cambió su semblante como si el incidente que acababa de ocurrir no le hubiera molestado en lo más mínimo. Dejó la grosería a un lado y volvió a ser el hombre encantador que había conocido una semana atrás.

—María, vamos a tener que esperar unos minutos. Hice una reserva pero se equivocaron y le dieron nuestra mesa a otra pareja.

—No te preocupes Gabriel. Nos podemos sentar en el bar en lo que nos llaman.

—Lo que tú quieras belleza. Y cuéntame, ¿cómo fue tu día?

—Muy bien, aunque estuve bastante ocupada. Me pasé todo el día escribiendo.

—Me siento dichoso de que una mujer tan ocupada como tú haya sacado tiempo para salir hoy conmigo —dijo mientras me acarició la mano y le sonreí.

—Y tú, ¿qué hiciste? —pregunté

—Bueno, no te quiero dar envidia, pero me pasé la mañana en el *spa*. Me fui a hacer la manicura. Después me fui de compras, con esto de mudarme de Nueva York a Miami me hace falta más ropa para el clima caluroso.

Luego de esperar unos minutos nos pasaron al comedor. En la mesa, la conversación giró en torno a la vida de Gabriel y sus impresionantes logros profesionales. No me molestó que habláramos únicamente de él. Me deslumbró con su inteligencia, me hizo reír a carcajadas y me sorprendió con su preocupación por los niños pobres de Haití (es voluntario de una fundación), pero reconozco que durante la cena su comportamiento fue peculiar, algo no era normal.

Gabriel fue muy exigente con el mesero y lo llamaba cada cinco minutos para quejarse de algo: que si el tenedor estaba sucio, que si a la sopa le faltaba sal, que si la carne no estaba cocinada como él había pedido y para colmo, le pidió al mesero que nos tomara una foto en cuatro ocasiones, hasta quedar como él quería. En fin, se comportó como si él fuera el único cliente que el mesero tenía que atender. Me sentí un poco incómoda, pero justifiqué su comportamiento pensando que era debido a que no habían respetado su reserva a su llegada al restaurante.

A la hora de pedir la cuenta Gabriel actuó de una manera que me sorprendió. Levantó la mano para llamar al mesero mientras hacía un sonido casi como un chiflido.

—¡Traiga la cuenta! —exigió en un tono elevado olvidando decir "por favor".

Su actitud me hizo sentir vergüenza ajena y fue ahí que se me desbordaron la copa, el vaso y la taza. En ese instante me dio la corazonada de que no debería compartir más con este hombre que en tan poco tiempo había mostrado tantas conductas indeseables.

Ahora te pregunto, si hubieras sido tú quien acompañaba a Gabriel esa noche, ¿habrías aceptado una segunda invitación? Hay muchas mujeres que sin duda aceptarían una segunda, tercera, cuarta invitación y muchas más. Y lo entiendo, pues Gabriel era cariñoso, encantador, espléndido, divertido y para completar, ¡bien parecido! Sin embargo, yo no quise salir más con él, pues no pude hacerme la ciega y obviar su arrogancia y malas crianzas. Si ésta fue la primera cita, ¿qué podía esperar de las próximas?

Si yo no hubiera estado consciente de las peculiares conductas que tienen los narcisistas, como su preocupación por verse bien, su perfeccionismo obsesivo, su sentido de superioridad, sus groserías con personas que les ofrecen algún servicio, este hombre me hubiera parecido fascinante.

Además de los comportamientos que mostró Gabriel, existen muchas otras características que distinguen a un hombre narcisista. Te las muestro a continuación y si te das cuenta de que un hombre posee al menos diez de estos rasgos, abre bien tus ojos porque estás lidiando con uno de ellos.

- Habla como si él fuera superior a los demás en términos de inteligencia, apariencia física, logros alcanzados, status económico o popularidad. Por ejemplo, él diría: "Estudié en una universidad muy prestigiosa, donde sólo aceptan a los inteligentes de verdad. Vengo de una de las mejores familias de mi país."

- No valida la opinión de otros y los interrumpe cuando hablan. Supone que su punto de vista es el correcto. Él diría: "No, no, no... eso no es así. La manera más indicada de hacerlo es como yo lo hago."

- Como se cree tan especial, piensa que los únicos que pueden entenderlo son personas importantes, superdotadas o de alto nivel.

- Es egoísta. Actúa como si el mundo girara alrededor de él y cuando se trata de resolver un conflicto siempre busca una solución que lo beneficie.

- Es exigente y demanda que le complazcas sin reparos.

- Exagera sus logros, y cuando cuenta sus historias, siempre es el magnate de la película.

- Vive fantaseando con alcanzar éxito exagerado. Por ejemplo, tiene la idea de abrir un negocio y le dice a todo el mundo: "Te aseguro que en menos de un año voy a ser millonario."

- Es arrogante y espera recibir un trato especial en todo lugar. Actúa como si no tuviera que seguir las reglas de los demás. Por ejemplo, va a una cita médica y si ve la sala de espera llena de gente se acerca a la recepcionista y le dice: "Me siento mal y necesito que el doctor me atienda urgentemente antes que a todas estas personas."

- Una vez realizada la conquista, acostumbra a degradar y humillar a su pareja para así crearle inseguridades y poder controlarla. Le hace sentir que sin su compañía ella es nada.

- Se comporta como un niño en un berrinche cuando no puede resolver algo o las cosas no salen a su manera.

- Su sentido del humor es selectivo, le encanta bromear acerca de otros, pero detesta cualquier chiste que hagan de él y pueda hacerlo ver mal o quedar en ridículo.

- Reacciona con rabia ante la menor crítica.

- Le fascina que lo halaguen, pretende que lo reconozcan por cualquier cosa pues tiene una necesidad insaciable de ser admirado.

- Desconfía de otros. Si alguien es muy amable sospecha de sus intenciones.

- Su pareja ideal es una mujer perfecta en todo el sentido de la palabra.

- Utiliza a los demás para alcanzar sus propias metas.

- Cree que otros le envidian.

- Carece de empatía. No se identifica con el dolor ajeno y no puede "ponerse en los zapatos de otro".

- No tiene remordimientos, por eso no puede pedir perdón genuinamente. Cuando pide disculpas lo hace para conseguir lo que quiere.

- Aparenta ser compasivo, pero sólo lo hace con la intención de beneficiarse de alguna manera. Por ejemplo, dice que quiere ayudar a los niños pobres de su país y crea una fundación. En realidad no le interesa la hambruna, lo que busca es el reconocimiento y admiración de otros por su "noble labor".

- Es perfeccionista y se consume en los detalles insignificantes. Tiene estándares muy altos y ningún esfuerzo es suficientemente bueno para él.

- Se aburre con facilidad a menos que el tema de conversación o situación lo involucre a él.

Cualquier persona en su buen juicio se preguntaría: ¿Cómo es posible que alguien pueda enamorarse de un individuo tan soberbio e insensible con todas estas malas cualidades?

¡Fácil! Al comienzo los narcisistas suelen ser encantadores, su habilidad para caer bien y seducir es asombrosa. Cuando finalmente descubres cómo son, es muy tarde porque estás enviciada y vulnerable.

Si estás involucrada con un narcisista, reconoce que su egoísmo agudo y desconsideración hacia tus necesidades y sentimientos nunca te permitirán disfrutar de una relación saludable.

Este tipo de hombre sufre de un demoledor vacío interior del que huye a través de conductas o actitudes que lo hacen sentirse superior.

Además, el mayor miedo de un narcisista es perder su identidad e independencia, por eso evitará a toda costa crear una afinidad emocional contigo. De hecho, en algunos casos hasta pierde el interés por el sexo porque esto lo pondría en riesgo de enamorarse y llegar a depender de ti. Lamentablemente su comportamiento obstruye completamente la oportunidad de vivir una vida feliz y en armonía.

Tratarás por todos los medios de crear una conexión emocional con él, pero no podrás lograrlo. La única cura para el narcisista es buscar ayuda de un sicoterapeuta. El problema está en que al creer que es tan perfecto, jamás aceptaría padecer una condición sicológica. Y te advierto que al confrontarlo con su enfermedad te dirá: "¡La narcisista y egoísta eres tú!"

3. El hombre parásito

No son muchos los hombres que caen en esta categoría, pero pobre de ti si te encuentras con uno de ellos y no escapas a tiempo. El comportamiento del hombre que voy a describir a continuación es muy similar al de un parásito, bien sea una garrapata, un piojo o una pulga. Todos ellos viven de succionar la sangre de otro cuerpo.

El parásito no se puede mantener solo, tiene que vivir de otro organismo, del que obtiene sus nutrientes sin dar nada a cambio. Y lo peor es que en muchos casos, los parásitos son tan malagradecidos que dañan o causan enfermedades al organismo que les da refugio. Otros adjetivos para clasificar al hombre parásito son: vago, vividor, aprovechado, listo, descarado, gigoló y como le dirían en mi país, vive del cuento.

El hombre parásito es encantador y suele tener buena presencia. Es detallista, puntual a las citas y rápidamente comienza a hablar de convivencia. Busca a mujeres que vivan solas; ya sean solteras, divorciadas con hijos o separadas. Antes de fijarse en las lindas piernas, en el sentido del humor o en las habilidades culinarias de su presa, él averigua cuáles son las posibilidades de que pueda mantenerlo.

Su especialidad es la capacidad de seducir y envolver a una mujer de tal manera que la hace sentirse responsable de ayudarlo. Generalmente permanece en la misma relación por mucho tiempo, a menos que lo boten o se vaya con otra a quien pueda chuparle más sangre.

Una vez te conoce y se relaciona contigo, quiere compartir con tus amigos y familiares para mostrar su simpatía y lo bueno que es. Se esmera en caer bien para así conseguir una aceptación arrolladora y que todos estén a su favor. Termina siendo el chico bueno y adorado del grupo. Todo el mundo te dice que te ganaste la lotería con este hombre, pero en realidad quien se ganó el premio gordo fue él y está listo para cobrar hasta el último centavo.

Poco a poco empiezan a surgir excusas para no pagar: olvida la billetera, no encuentra el dinero, su tarjeta de débito está vencida y no tiene tiempo de ir al banco por una nueva, su cheque de pago se perdió en el correo y mil pretextos más. Es especialista en salirse con la suya para no tener que aportar dinero.

Su trabajo suele ser un misterio, y generalmente habla a menudo de emprender un negocio, pero siempre existe algún inconveniente por el cual no puede comenzarlo. O quizás te dice que está desempleado porque no ha encontrado el trabajo ideal para el cual está capacitado.

Tampoco te sorprendas si al cabo de conocerte te pide dinero prestado y te dice que se quedó corto ese mes porque su exmujer es una desconsiderada que siempre está pidiendo dinero para sus hijos.

La manera más efectiva de reconocer a un hombre parásito es descifrar su lenguaje. A continuación muestro frases comunes de un vividor:

El parásito dice	En realidad quiere decir
Es nuestra primera cita y te voy a llevar a un restaurante cinco estrellas. ¡Te va a encantar la vista al mar!	*Estoy invirtiendo en mi futuro.*
Nunca he conocido a una mujer tan especial como tú.	*Todavía no he encontrado a una vieja que sea tan boba como tú.*
Recientemente perdí mi fortuna porque el maldito socio me robó, pero pronto me voy a recuperar.	*Préstame dinero mientras te hago creer que más adelante te voy a pagar.*
Que bien nos llevamos, siento como si nos conociéramos de toda la vida.	*Ya te conquisté y puedo empezar a aprovecharme de ti, empezando por tu bolsillo.*
Las cosas están difíciles. No encuentro empleo.	*Tengo quien me mantenga. ¿Para qué necesito trabajar?*
Cuando no estoy a tu lado, te extraño demasiado... Quiero verte en todo momento.	*¡Me quiero mudar a tu casa ya!*

Cuando te topes con uno de ellos, no te dejes cautivar por su carisma. Abre los ojos y utiliza tu instinto. No esperes a que tu cuenta bancaria esté en números negativos y tu corazoncito esté decepcionado. Sácalo de tu vida ¡antes de que sea demasiado tarde!

4. El controlador y futuro abusador

Ningún hombre abusa de ti justo después de conocerte; bien sabe que si lo hace, te va a espantar. Al principio te seduce, luego te controla y finalmente abusa de ti. Este hombre al inicio es ideal; lo único que sale de su boca son flores y te sorprende con una lluvia de regalos y atenciones. Su cortejo es dulce e intenso, repleto de frases como: "Eres lo más bello que he conocido", "No puedo vivir sin ti" y "Eres el amor de mi vida".

Ten en cuenta que a una persona en su sano juicio y emocionalmente estable, le toma tiempo llegar a la conclusión de que quiere pasar el resto de su vida contigo. Pero, este tipo de hombre tiene complejo de tren bala, quiere llevar su nueva relación a 100 millas por hora.

Sin darte cuenta, poco a poco empieza a controlarte. Se va apoderando de tu tiempo, ya sea porque interfiere en tus actividades o te presiona para que lo acompañes a todas partes. Y pronto te das cuenta de que es casi imposible continuar con las actividades que antes hacías sola, como salir con tus amigas, visitar a la familia, ir al médico o de compras. Aunque suene exagerado, puede que te llame todo el tiempo para preguntarte qué desayunaste, con quién hablaste durante el día o qué llevas puesto. En esos momentos piensas que realmente se preocupa por tus asuntos, pero, ojo, lo que le preocupa es controlarte para que nadie tenga acceso a ti.

Este controlador-abusador mostrará señales de tener un temperamento bien fuerte, pero al principio será en contra de otros y no de ti. Así le pasó a mi prima Mayra, que por no prestar atención a las primeras señales de agresividad, tuvo que aguantar un calvario durante los 18 años que estuvo casada con un controlador que luego se convirtió en abusador. Ella me contó que el primer mes de relación fue maravilloso, pero poco después notó comportamientos raros. Sin embargo, se hizo la ciega, porque este médico recién graduado era demasiado bueno como para prestarle atención a sus defectos.

—Mayra, ¿alguna vez has ido a Las Vegas? —preguntó su novio Marco mientras le mostraba dos boletos de avión.

—Nunca he ido, pero me muero por visitar esa ciudad. Me cuentan que es fascinante.

—Pues empaca tus maletas que nos vamos mañana mismo. Ya hice una reserva para ir a ver un espectáculo en el Hotel Ceasar Palace.

—Pero... Marco, tú sabes que mañana es el cumpleaños de mi amiga Puchi. No puedo quedar mal con ella. Soy la encargada de hacer el pastel.

—Si realmente es tu amiga, lo entenderá. Si fuera a ella a quien la invitan, créeme que le deja la responsabilidad del pastel a otra amiga y se va corriendo a Las Vegas —dijo convencido de que su punto de vista era justo, y preguntó muy serio— ¿Acaso un pastel es más importante que yo?

Mayra tuvo la corazonada que si no iba con Marco a Las Vegas, él se enojaría con ella hasta tal punto que arruinaría la relación. Por eso, decidió irse de viaje y no cumplió con su mejor amiga. Esta fue la primera vez que mi prima notó que su novio la podía controlar.

En cuanto llegaron a la "Ciudad de las luces" se registraron en un hotel de cinco estrellas, tomaron una siesta y salieron a dar una vuelta por la ciudad. De repente Marco recordó que tenía que llamar y confirmar la reserva para el espectáculo. En aquellos tiempos no había teléfonos celulares así que estacionaron en una gasolinera para usar un teléfono público.

—Buenas tardes, gracias por llamar a Tickets & Shows. Le habla Lydia María González Echevarría, ¿en qué le puedo ayudar?

—Hola Sra. González estoy llamando para confirmar la hora del espectáculo de esta noche.

—Por favor, dígame a nombre de quién está la reserva.

—Marco Benítez.

—¿Está seguro? No encuentro nada bajo ese nombre.

—¿Cómo? Verifique bien porque yo llamé y pagué con mi tarjeta de crédito hace dos semanas —demandó en un tono subido.

—Déjeme verificar otra vez.

—¡Más vale que aparezca esa reserva!

—¿Señor, está seguro que llamó aquí? No encuentro nada.

—Por supuesto que llamé a su agencia. No estoy loco —afirmó bien molesto.

—Lamentablemente, no le puedo ayudar porque no aparece su nombre. Además todas las entradas para este fin de semana están vendidas.

—Mire Lydia Echevarría, María la Del Barrio o como diablos se llame usted: no me diga nada más y encuentre la maldita reserva —expresó con mucho coraje.

—Cálmese señor, así no podemos hablar.

—Así es como le hablo a la gente inepta e idiota como usted que no puede ni tan siquiera encontrar un bendito nombre.

—Pues mire a ver quien lo escucha —colgó la agente de reservas y en la línea sólo quedó el sonido del tono.

—¡Pinche vieja! ¡Bruja maldita! ¡Váyase al infierno! —gritaba Marco desesperado, mientras la vena yugular le brotaba del cuello casi a punto de explotar.

Pero eso no fue todo, mientras vociferaba una lluvia de palabras sucias a la mujer que ya no estaba en línea, le daba golpes a la cabina telefónica con el auricular del teléfono. El escándalo fue tal que los empleados de la gasolinera salieron afuera a ver qué pasaba. Mayra no sabía qué hacer; estaba perpleja con lo que había visto y escuchado. Marco se subió al auto sin pedir disculpas por su comportamiento tan irrespetuoso y grosero.

Hasta justificó sus acciones, pues según él fue culpa de la operadora inepta, que lo sacó de sus casillas.

Esta actitud es muy típica en los hombres controladores; jamás piden perdón, ni reconocen que hicieron algo mal. Después del incidente, Marco estuvo de mal humor por un par de horas, pero más tarde actuó como si nada hubiera pasado y volvió a ser tan maravilloso como antes.

Sin embargo, su comportamiento dejó una espina en Mayra. En el fondo de su corazón ella sabía que este hombre no sería bueno para ella, pero pesaba más que este doctor le podía ofrecer un futuro seguro y lleno de lujos.

Años más tarde, mi prima me confesó que ella nunca imaginó que el espectáculo en vivo y a todo color en la cabina telefónica de aquella gasolinera fue un adelanto de los golpetazos e insultos que ella iba a recibir más adelante en su matrimonio. Las palabras exactas que me dijo en aquel momento fueron: "Si le hubiera hecho caso a las señales no hubiera caído en un infierno."

A continuación expongo los comportamientos más comunes entre los hombres controladores y abusadores:

- *En un momento actúa como poseído por un demonio y a los diez minutos es el individuo más amoroso y complaciente de tu vida.*

- *Tiene memoria de elefante, recuerda cualquier error que cometiste y cada vez que quiere hacerte sentir mal, lo trae a colación.*

- *Se interesa especialmente en ti cuando otros te prestan atención y te ignora cuando le dedicas tiempo.*

- *Nunca eres lo suficientemente buena para él. No aprecia tus sacrificios y cuando haces algo realmente bueno, le resta valor diciendo: "Ya era hora de que lo hicieras."*

- *Espera que seas la mujer perfecta y que cumplas con todas sus necesidades. Sus ideales son imposibles de alcanzar.*

- *Te critica constantemente o utiliza palabras denigrantes y humillantes.*

- *Actúa de forma hiriente y luego se convierte en una dulzura; cuando apenas estás sanando la herida, vuelve a lesionarte.*

- *Es posesivo e investiga cuántas millas recorres en tu auto. También tienes que darle explicaciones de con quién hablas por el teléfono, y si te ve conversando con otro hombre le dan celos.*

- *Acusa a tus familiares y amistades de ser problemáticos. Él desea alejarlos porque mientras menos comunicación tengas con ellos, más apoyo económico y emocional necesitarás de él.*

- *Te dice que tienes mucha suerte de estar a su lado porque ningún otro hombre se fijará en ti.*

- *Es cruel con los animales. Esta es una de las señales más importantes para detectar a un abusador.*

- *Hace a otros responsables por sus sentimientos. En vez de decir: "Estoy enojado", dice: "Tú me haces enojar". Culpa a otro por sus errores.*

- *Durante el acto sexual juega con brusquedad y le gusta aguantarte en contra de tu voluntad con fuerza. Además puede decir que la idea de violar a una mujer lo excita.*

- *Parece tener dos personalidades. Es maravilloso a los ojos del mundo, pero en privado te trata como basura.*

Generalmente, el hombre controlador se convierte en un abusador. Esto se debe a que se enloquece cuando te siente fuera de control. Por esta razón, en el momento en que no puede controlarte, empieza a abusarte emocionalmente por medio de insultos, amenazas o desprecios. Cuando estas tácticas ya no funcionan, entonces tiene que recurrir a los golpes para tratar de tenerte bajo su control. Por eso, quien muestre señales de ser controlador, agresivo y con mal genio, húyele antes de que te caiga a patadas, puños o batazos.

Te recuerdo las sabias palabras del famoso escritor ganador del premio Nobel, Gabriel García Márquez: "Nadie merece tus lágrimas, y quien se las merezca no te hará llorar."

5. El niño de mamá

A las mujeres nos atraen los hombres que inspiran poder y masculinidad. Por eso nos derretimos cuando vemos un bombero, policía, militar, piloto o cualquier uniformado que represente autoridad.

Imaginemos que un guapísimo bombero te invita a salir, pero antes de acordar el día y el lugar de encuentro te dice: "Tengo que hablar primero con mi mamá, pues los sábados salimos a comer y luego la llevo a jugar bingo con sus amigas." Por más azules que sean sus ojos y fornidos que sean sus brazos, si primero tiene que consultarlo con su progenitora, definitivamente no te va a gustar con la misma intensidad.

Cuando somos niños todo gira en torno a lo que nuestros padres digan. Por ejemplo, es aceptable si una niña invita a un amiguito a jugar en el parque, y el chiquillo le dice con frenillo: "Tengo que pedir permiso a mi mamá." Pero cuando ese niño se convierte en un hombre "hecho y derecho" y su madre sigue gobernando su vida es totalmente inaceptable.

> **Uno de los atractivos principales de un hombre es que no se deje intimidar o influir fácilmente por otros y por eso es que las mujeres no soportan a los niñitos de mamá.**

Aunque siempre se ha dicho que un buen hijo es sinónimo de un buen marido y padre, hay ocasiones en que las exageradas atenciones hacia la madre hacen imposible que funcione una relación de pareja.

Es completamente normal que un hombre tenga detalles muy especiales con su mamá en su cumpleaños, Día de las Madres o cualquier celebración importante, pero independientemente de la ocasión, si tu pareja la pone a ella antes que a ti, siempre te sentirás decepcionada, infeliz y frustrada. Y ni te pienses que por tus encantos será fácil convertirte en su prioridad, pues acuérdate que esa mujer le dio la vida, cambió sus pañales, le enseñó a dar sus primeros pasos, lo educó, sabe prepararle exactamente lo que le gusta comer y lo conoce mejor que nadie.

Una vez recibí un correo electrónico de una mujer que llevaba años luchando con su suegra controladora. Había tratado por todos los medios de que su marido le diera el puesto que ella merecía, pero la suegra siempre lo dominaba.

La gota que colmó la copa fue cuando ella y su marido decidieron tomarse unas vacaciones a solas para celebrar su décimo aniversario de boda y suavizar los conflictos de un matrimonio que estaba a punto de romperse. Tres días antes del viaje, el marido le dio la sorprendente noticia de que su querida mami iría con ellos pues se quejaba de que hacía mucho tiempo que no viajaba. El hombre no se atrevió a decirle a su mamá: "Esto es un viaje de aniversario y no caben tres." En la carta de esta mujer pude percibir entre líneas su rabia y frustración. Al final decía: "No me casé con un hombre, sino con un bebé que nunca saldrá de la falda de su madre."

Los nenes de mamá caen en este comportamiento destructivo por dos razones. La primera es culpabilidad; estas madres se sacrifican de tal forma y hacen tanto por sus hijos que ellos no saben cómo negarse a cualquier petición que les hagan, aunque esto incluya poner en segundo lugar a su pareja y acabar con la relación. El segundo motivo que obliga a estos hombres a estar a la merced de sus madres es el miedo a perder algo; sea cariño, aprobación, apoyo moral, ayuda económica, herencia de bienes o hasta la deliciosa comidita casera.

Si conoces a un hombre que muestra los siguientes comportamientos, sin duda es un niño de mamá:

- *Necesidad de aplazar compromisos de su núcleo familiar para cumplir con los del núcleo familiar de la madre.*

- *Minimiza a su pareja frente a la figura de la madre.*

- *Incapacidad de tomar decisiones con criterio propio y sin consultar.*

- *Manifiesta inseguridad y falta de fortaleza a la hora de hacer cosas por sí mismo.*

- *Aplaza o cancela planes personales o familiares por no abandonar a la madre: desde salidas casuales hasta estudios en el extranjero, cambios de trabajo o mudanzas.*

- *Necesita consejos de su madre para cualquier cosa y es incapaz de tomar decisiones sin antes consultarlo con ella.*

- *Nunca refuta los consejos o pedidos de la madre.*

- *Transforma sus relaciones en algo secundario y descuida totalmente a su pareja; la mamá se vuelve parte de la relación y poco se puede hacer para evitarlo.*

- *Es un hombre inmaduro; con un nivel de madurez de un niño de diez años.*

- *A la hora de comer, muchos de ellos son muy particulares en sus gustos.*

- *Es fanático de los videojuegos.*

- *No se independiza y continúa viviendo con sus padres.*

- *Algunos dependen económicamente de su mamá y viceversa.*

La mayor satisfacción que puedes tener como mujer en una relación es sentir que eres lo más importante en la vida de tu pareja, que no hay nada antes que tú y que eres la luz de sus ojos; en resumidas cuentas, que está loco por ti.

Sentir que eres la número uno en la vida de tu pareja es algo que nunca experimentarás con un niñito de mamá. Mientras su madre esté viva, ella será su mundo. Si estás dispuesta a no ser su prioridad entonces date la oportunidad de relacionarte con uno de ellos, pero te advierto: "Quien se acuesta con niños amanece mojado."

6. El herido

Es impresionante la facilidad con la que se puede caer con este hombre sin darte cuenta. La incapacidad de este tipo de caballeros para transmitir sus emociones tiene a millones de mujeres invirtiendo su tiempo y energía en relaciones que al final acaban destruidas. De todos los hombres mencionados en este capítulo, éste es el que más vacío traerá a tu corazón. Los demás te dirán que te quieren, que no pueden vivir sin ti y que juntos tejerán sueños para el futuro, pero el herido nunca te dirá esas bellas palabras que toda mujer quiere oír. Para él, demostrar que realmente tú le importas es imposible. Y aunque trates por todos lo medios de conquistar su amor y hagas todas las artimañas posibles para escuchar el dulce sonido de la frase "te amo", no lo conseguirás. Pedirle a un herido que exprese sus sentimientos y te demuestre que te quiere, es como pedirle peras al olmo, es decir, pretender algo que no es posible.

Este frío individuo no está disponible sentimentalmente. En algunos casos puede ser debido a problemas sicológicos que surgieron durante la infancia o adolescencia, pero en la mayoría de los casos se debe a que tuvo una o varias experiencias amorosas en que lo hirieron profundamente, por eso tiene pavor a enamorarse y que lo vuelvan a herir. Realmente no quiere estar solo y desea que lo amen, pero consciente o inconscientemente, con su manera de ser poco afectiva, aleja a quien se acerque.

Pero no podemos culparlo por su comportamiento, lo cierto es que hay que ser muy valiente para amar nuevamente, especialmente si te han hecho el corazón picadillo. Lo que este hombre no acaba de entender es que para enamorarse intensamente, la única opción es deshacerse de las barreras que protegen su corazón y mostrar la debilidad que siente por otro ser. Precisamente el herido no está dispuesto a asumir ese gran riesgo.

Su principal problema es que asocia el sentimiento del amor con dolor, sufrimiento, engaño o destrucción. ¡Que error! ¿Quién dijo que el amor es un martirio? El amor es dulce, sublime, profundo, mágico y maravilloso, ¡no duele! Pero a este hombre no le cabe esa realidad en su cabecita.

No cometas el error de creer que puedes convertirte en "La Doctora Corazón" y tener el poder de sanar sus profundas heridas. Muchas dicen: "El pobrecito ha sufrido mucho, pero con mi amor se va a reponer." Te advierto que ninguna mujer, por más bella, inteligente, exitosa y cariñosa que sea, tiene el poder de cicatrizar heridas ajenas.

> **Cada persona tiene que sanar sus propias magulladuras y para ello tiene que estar dispuesta a perdonar y soltar el pasado.**

Mientras el herido siga cargando un bulto lleno de resentimientos, arrepentimientos y desconfianza, jamás podrá disfrutar del presente, lo cual incluye una relación genuina y saludable contigo.

Con este tipo de hombre, aunque la relación comience apresuradamente y con mucha emoción, después de un tiempo él disminuye la intensidad con que te trata para evitar acercarse más a ti y que la relación pase a un plano más serio.

Las siguientes son algunas de las señales de que te encuentras con un herido. Si encuentras varias, no hay duda de que sufrirás.

- *Al principio hace de todo lo posible por conquistarte. Es detallista, te dice cuán importante es para él la fidelidad y hasta puede escribirte cartas de amor. Una vez siente que te atrapó, se retira poco a poco en el plano emocional.*

- Cuando le preguntas sobre su alejamiento o mencionas que no lo sientes tan enamorado, siempre va a tener varias excusas para justificar su comportamiento: "Cuánto hubiera dado por conocerte cuando todo era perfecto en mi vida", "Eres maravillosa, pero te conocí en el momento menos apropiado" o "Si las circunstancias fueran diferentes, seríamos la pareja perfecta".

- Siempre tiene una situación que le roba la paz, como problemas financieros, familiares, emocionales o de trabajo.

- Jamás acepta buscar ayuda sicológica para sanar heridas del pasado o resolver sus problemas emocionales.

- Se separó o se divorció recientemente, lo cual te recalca constantemente para justificar que no puede involucrarse demasiado en su nueva relación.

- En algunos casos te deja saber que aún se siente herido por lo ocurrido con su expareja. Y te cuenta los problemas que vivió con ella.

- No le gusta hablar por teléfono y prefiere comunicarse a través de correos electrónicos o mensajes de texto.

- Aunque llevas un tiempo saliendo con él no estás segura de cuándo será la próxima vez que te quiera ver.

- De repente se desaparece y cuando regresa casi no da explicaciones.

- El status de la relación parece incierto y dice: "Siento que no estoy listo para una relación seria."

- Cuando le reclamas lo que no te gusta de sus actitudes, él terminará diciendo lo que quieres escuchar y hasta llegará a cambiar por unos días. Luego vuelve a comportarse de la misma manera.

- Te sientes vacía después de hacer el amor con él.

- Evita asistir a tus reuniones familiares o de amigos para que nadie piense que la relación es formal.

- *Cuando tiene que presentarte a otras personas solamente dice tu nombre y no menciona que eres su pareja.*

- *A veces lo sientes frío, otras más romántico y cuando ve que no le prestas atención entonces te persigue. Pero cuando te tiene otra vez se vuelve frío.*

¡Ojo! Este hombre con tal de atraparte al principio de la relación, utilizará su buen comportamiento para darte una probadita de la excelente pareja que podría ser, pero lamentablemente nunca podrás comerte el platillo completo.

7. El vicioso

De todos los hombres que describo en esta sección, este el más fácil de reconocer, aunque si le gustas mucho, al principio se las ingeniará para ocultar su adicción, pero no pasará mucho tiempo antes de que descubras su vicio. Algunos demuestran su comportamiento adictivo en las primeras citas, pero otros son tan listos que pueden esconderlo por meses.

Así le pasó a Natalia, una profesional de 33 años, que conoció a Rodney, quien era exactamente el tipo de hombre que ella soñaba tener como pareja: cariñoso, romántico, espléndido, inteligente, buen bailarín y además sabía cocinar. La relación había sido perfecta, incluso habían hablado de planes para el futuro, pero la primera señal de alerta sucedió en la boda de una prima de Natalia.

—¡Epa, epa! ¡Qué vivan los novios! —vociferó Rodney, mientras hacía morisquetas y sacaba la lengua para posar en una foto junto a Natalia y los recién casados.

La celebración de la boda apenas iba a la mitad y ya Rodney se había tomado siete *whiskys* con hielo.

—Rodney, por favor cálmate. Estás haciendo el ridículo —dijo Natalia al halarlo para que se sentara mientras le quitaba de la cabeza la corbata que se había puesto como pañoleta.

—Déjame quieto que estoy gozando —dijo a la vez que apartó bruscamente la mano de Natalia.

—No debes tomar más —le exigió ella en tono demandante.

—Vete al infierno y déjame en paz.

Rodney estaba tan ebrio que necesitaba agarrarse de la mesa para poder pararse y no caerse. Cuando se acabó la fiesta, dos primos de Natalia tuvieron que ayudarlo para llegar hasta el auto.

Al día siguiente, Rodney se levantó con síntomas de resaca, pero muy cariñoso. Hasta le preparó unas crujientes tostadas francesas a su novia. Cuando Natalia quiso sacar el tema de lo sucedido la noche anterior, Rodney le aseguró que no se acordaba de nada. Ella decidió no darle más importancia pues después de todo, en las bodas la gente siempre se emborracha.

Al siguiente sábado fue cuando explotó la bomba. Natalia lo invitó a una barbacoa organizada por la compañía de contabilidad para la cual labora. Le advirtió que no se pasara de tragos, ya que allí estarían su jefe y compañeros de trabajo, a lo cual respondió: "No te preocupes, hoy sólo voy a tomar cerveza, el *whisky* es lo que me pega duro." Aunque cumplió con su palabra de no mirar el *whisky*, las diez cervezas que se tragó fueron más que suficiente para que mostrara sus habilidades como bailarín exótico y se abriera la camisa. Algunos aplaudieron sus payasadas y otros miraron a Natalia con lástima.

Al día siguiente Natalia le dijo a Rodney: "Lo que sucedió ayer es inaceptable. Tienes un problema grave de alcohol." Y en vez de reconocer su problema, Rodney se limitó a decir que no recordaba nada de lo sucedido y prometió no embriagarse más.

Natalia sabía que una de las características más comunes de los alcohólicos es que tienen lagunas mentales, es decir, no recuerdan lo que hicieron bajo los efectos del alcohol. Y esta era la segunda vez que sucedía en menos de una semana.

Cualquier otra mujer que conociera un hombre tan encantador como este, no lo dejaría por nada en el mundo. Más bien diría: "Tengo un hombre guapísimo, buen amante y tremendo chef, ¿cómo lo voy a dejar porque se emborracha de vez en cuando? Después de todo nadie es perfecto."

Una mujer insegura o desesperada le daría la oportunidad de continuar esta relación y sugeriría que buscara ayuda profesional para tratar su adicción. Pero Natalia sabía que un vicio es un monstruo demasiado enorme para pelear con él. Esta joven conocía el vía crucis de habitar con un alcohólico porque su padre era adicto a la botella. Así que con todo el dolor del alma, Natalia tomó la sabia decisión de acabar su relación amorosa.

Hay muchos tipos de adicción, no todos son mortales, como ser adicto al café, hacer yoga todos los días o no perderte ni un capítulo de una telenovela. No obstante, cuando una persona es esclava de un hábito que destruye sus relaciones, deteriora su estilo de vida o pone en riesgo su salud, entonces sufre de una adicción, ya sea a drogas ilegales, fármacos, alcohol, nicotina, Internet, pornografía, sexo, apuestas, trabajo o despilfarro de dinero, por mencionar las más comunes.

Convivir con un vicioso es un martirio. El vicio se convierte en su enfoque y obsesión y todo lo demás pasa a un segundo plano. Nada ni nadie es más importante que rendirse ante su perdición; de hecho, es como si formaras parte de un triángulo amoroso. La diferencia es que en este caso, en vez de ser la amante quien seduce a tu pareja, aquí es el vicio quien lo absorbe.

Los siguientes comportamientos identifican a un adicto, especialmente a aquellos que tienen una adicción a drogas o alcohol.

- *Notas un comportamiento inusual y cuando le preguntas qué le pasa, te asegura: "Estoy bien, a mí no me pasa nada."*
- *Algunas veces, cuando está contigo inventa una excusa para irse repentinamente. Y si tratas de retenerlo puede molestarse.*
- *Tiene cambios drásticos de personalidad. Puede mostrarse acelerado o extremamente lento. Ten en cuenta que el comportamiento varía de acuerdo a la adicción.*
- *Descubres mentiras sobre dónde estuvo, qué hacía, por qué llegó tarde, por qué no llamó y siempre tiene un pretexto ridículo.*
- *A menudo tiene que reunirse con un amigo que nunca conoces. Y algunos de los que conoces, no te inspiran buena vibra.*
- *Si lo confrontas y le haces preguntas sobre su comportamiento cambia el tema por completo y no permite que indagues más.*
- *Y si llegara a aceptar que tiene un comportamiento destructivo, no lo ve como un problema, sino como una actividad esporádica para pasarla bien entre amigos y su círculo social.*
- *Cambios en patrones alimenticios. Puede tener hambre en extremo o no comer por días, por eso puede ganar o perder peso.*
- *Cambios en sus horas de sueño. A veces dice que no puede dormir y en otras ocasiones no despierta por días.*
- *Tiene aprietos financieros, el dinero desaparece como por arte de magia.*
- *Historial de familiares viciosos, en muchos casos es hijo de una madre o padre adicto.*
- *Ante una situación de estrés o tensión, lo primero que busca es su vicio para poder sentirse bien o pensar con claridad.*
- *En el caso de los alcohólicos, siempre tienen una excusa para tomar, bien sea para celebrar, relajarse después de un día difícil o para enfrentar un momento difícil y ahogar sus penas.*

¡Ojo! El adicto es muy astuto y usará sus artimañas para involucrarte en su vicio. Y hasta se atreverá decirte: "Pruébalo, esto nos unirá más."

Si identificas que estás con un adicto y aun así decides continuar, te advierto que es como estar empapada de gasolina y jugar con fuego. Tratarás de hacer todo lo posible por ayudarlo y hacerlo entrar en razón, pero el problema que enfrentarás es que un vicioso no acepta su condición. Y aquellos que lo reconocen pero no buscan ayuda profesional también son una amenaza. Si sabes de las peligrosas consecuencias que acarrea un adicto, ¿por qué escoger a uno de ellos como pareja? ¡No seas masoquista!

8. El prohibido

Es alarmante el número de mujeres solteras que se atreven a salir con hombres casados. Cada vez que abro las líneas telefónicas de mi programa de radio no falla una radioescucha que llama para contarme que está con un hombre casado y no sabe qué hacer.

Quienes me conocen saben que mi consejo para este drama siempre es el mismo: "¡Déjalo!" Los hombres casados no dejan a sus esposas y aquellos que las sueltan, lo hacen rapidito y sin que la amante les ruegue.

¿Por qué tantas se enamoran de un hombre prohibido? Algunas lo justificarán diciendo: "Los hombres son como los estacionamientos, los mejores están tomados."

Lo cierto es que hay muchos hombres disponibles y solteros, pero si pierdes el tiempo metiéndote con un casado no te darás cuenta cuando aparezca uno bueno.

La razón principal por la que una mujer se involucra con un hombre casado es por su baja autoestima. Ella no cree tener mucho que ofrecer, por lo tanto se conforma con un hombre que tampoco tiene mucho que dar.

La mentira más grande de los hombres casados es que van a dejar a su mujer. Te aseguro que eso no sucederá. Te dirá que no duerme con ella, que le da lástima abandonar a sus hijos, que primero tiene que resolver unos problemas financieros, o hasta que su mujer es una cabra loca y si la deja le hará la vida cuadritos.

La razón por la que este hombre continúa involucrado en un triángulo amoroso es porque la amante lo permite y además se convierte en el bastón que lo ayuda a sobrellevar los sinsabores del matrimonio. En otras palabras él disfruta de la ecuación perfecta:

Esposa + Amante = Felicidad completa

Cuando te relacionas con un hombre casado siempre te sentirás vacía. El sentimiento de devoción que toda mujer anhela tener con su pareja nace de los momentos especiales que comparten, tanto los de regocijo como los de dolor. Con un casado no podrás vivirlos porque cuando recibas buenas noticias tendrás que aceptar que no es el momento propicio para contárselas, y en situaciones de tristeza tampoco esperes contar con su apoyo porque él tiene que llegar temprano a su casa. Las tres o cuatro horas del encuentro semanal con tu amante no son suficientes para cimentar un verdadero amor.

Para no caer en la garras de un hombre casado es preciso que tengas lo ojos bien abiertos. Algunas han caído sin quererlo porque el hombre mintió sobre su estado civil. Los siguientes comportamientos pueden delatar a un casado:

- *Marca blanca en el dedo anular.*
- *Apaga su celular cuando está contigo o lo pone en vibración y te dice: "Es que quiero prestarte toda mi atención."*
- *Te invita a salir en horas laborales, muy pocas veces de noche o en fines de semana.*
- *Cuando salen, paga las cuentas en efectivo para que no haya rastro de sus andanzas.*

- *Prefiere los mensajes de textos a las llamadas y cuando lo llamas de noche casi nunca contesta.*

- *Jamás habla de su casa y de la posibilidad de llevarte a conocerla.*

- *Comenta muy poco de sus amigos y no te los presenta.*
  De hacerlo, ellos descubrirían la infidelidad.

Tú mereces en tu vida alguien que piense que eres irremplazable y no pueda imaginar vivir sin ti. Nunca aceptes ser plato de segunda mesa, ¡tú mereces ser el banquete completo!

Te aconsejo que no sólo huyas de un hombre casado sino también de un hombre que esté separado, en proceso de divorcio, en una relación a larga distancia comprometido con otra. Simplemente aléjate, no es para ti. No hay justificación. Déjalo, punto y se acabó.

¿Cuánto tiempo esperar para saber si alguien te conviene?

Este capítulo, sin duda, te quitó la venda de los ojos; ya no puedes hacerte la ciega, ni justificar esos comportamientos inaceptables en una relación.

Todos tenemos defectos y no importa con quien te involucres, tarde o temprano mostrará comportamientos que no te gustarán. Esto sucede, no sólo en las relaciones amorosas, sino en cualquier tipo de relación, sea con tu mejor amiga, con tu compañero de trabajo, con tu hermana, tu prima, tu mamá o tu abuela, por más que los quieras, cada uno de ellos tiene una o varias conductas que te incomodan. Es normal. Nadie es perfecto y ¡somos diferentes!

Pero ojo, cuando alguien que acabas de conocer muestra comportamientos desagradables, es una señal de alerta que no puedes obviar. La mayoría de las personas no muestran sus defectos al principio. Al inicio de una relación, te quieren impresionar y se desviven por mostrarte lo mejor. A los buenos partidos les toma tiempo mostrar los defectos que —como ser humano— cualquiera podría poseer y son tolerables; bien sea su impaciencia, lentitud, inseguridad, desorganización, falta de detalle o la costumbre de despilfarrar el dinero. No obstante, los buenos para nada no pueden aguantarse y muestran rápidamente esas conductas intolerables, como lo sería la falta de compromiso, ferocidad, egoísmo, mal genio, infidelidad o vagancia, por mencionar algunos comportamientos nocivos.

Entonces, ¿cuánto tiempo debes esperar para saber si alguien te conviene o no? De acuerdo a mi experiencia, los primeros tres meses de relación están llenos de sorpresas, unas buenas y otras malas. Hay hombres que, como Gabriel, el narcisista, en la primera cita te dan una primicia de quienes son. Hay otros que les toma un poquito más sacar las garras. Estos son los que después de un mes intenso y apasionado, un buen día se desaparecen sin dar explicación. Algunos reaparecen a las semanas y le preguntas indignada que qué pasó y te responden: "Estaba ocupado, pero no somos nada, así que no pensé que tenía que darte explicaciones." Por otro lado, están los que conoces por más de dos meses. Ya se lo presentaste a tus amistades, tu familia piensa que encontraste al amor de tu vida y hasta fuiste de crucero con él, pero de repente te enteras de que te mintió porque todavía está casado, tiene problemas con la ley, está en bancarrota, es adicto a las apuestas o, peor, descubres que le gustan los hombres ¡y es bisexual!

La realidad es que te puedes llevar una sorpresa en cualquier momento, aun después de diez años de matrimonio, pero si quieres minimizar las probabilidades de caer en una mala relación en la que te usen, abusen de ti o te partan el corazón, mi recomendación es que vivas los primeros 90 días como un periodo de descubrimiento. Olvídate de pensar que ese candidato será tu futuro esposo, al principio no tengas expectativas y dedícate a conocerlo. Ilusionarte ciegamente con alguien que conoces por menos de tres meses es un riesgo enorme para tu corazón.

No ignores las señales de alerta, especialmente al principio de una relación. Si ves que se toma diez cervezas en una fiesta, presta atención porque puede ser alcohólico. Y si constantemente coquetea con amigas, vecinas y hasta meseras, no te sorprendas cuando descubras que es infiel.

Cuando alguien demuestre ausencia de compromiso, falta de honestidad o integridad, irresponsabilidad, vagancia o cualquier comportamiento que te haga sentir incómoda, frustrada o desilusionada, sal corriendo. No ignores las alarmas de incendio porque acabarás con el corazón achicharrado.

Hazle caso a tu instinto, ese sexto sentido que jamás se equivoca y te dice lo que conviene. Cuando llegue a tu vida alguien que no promete ser bueno para ti, ¡extínguelo antes de que se propague el fuego!

Ejercicios:

1) Revisa los ocho tipos de hombres mencionados en este capítulo y apunta con cuál de ellos acabas involucrada a menudo.

_____

_____

_____

_____

2) Escribe las señales de alerta que viste al principio de la relación e ignoraste. Esto te ayudará a estar más consciente de las banderas rojas y a reconocerlas con más rapidez la próxima vez.

_____

_____

_____

_____

3) Explica la razón por la que rompieron. Te vas a dar cuenta de que aquello que ignoraste en un comienzo de la relación fue la misma razón que ocasionó la ruptura más tarde.

_____

_____

_____

_____

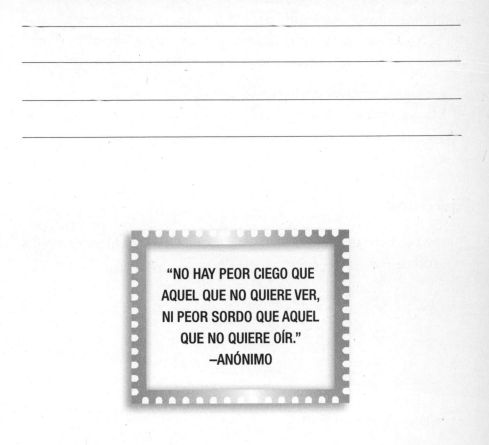

"NO HAY PEOR CIEGO QUE AQUEL QUE NO QUIERE VER, NI PEOR SORDO QUE AQUEL QUE NO QUIERE OÍR."
—ANÓNIMO

ERROR Nº 3:
Das demasiado... ¡te sobras!

A lo largo de este capítulo te darás cuenta de que conquistar a un hombre es simple y realmente está al alcance de cualquier mujer. Es decir, lograr que ponga sus ojos en ti es fácil, y muchas veces sin ningún esfuerzo lo "embobas". Pero el gran reto es mantenerlo enamorado.

Cuántas veces has escuchado historias de chicas que empezaron a salir con un muchacho que parecía estar superentusiasmado con ellas, pero poco a poco el hombre perdió el interés. Y lo más frustrante es que no tienen ni idea de por qué sucedió. Todas se preguntan desconsoladamente: "¿Cómo es posible que me haya dejado, si fui tan buena con él?"

Detrás de cualquier fracaso amoroso existe siempre una explicación. Si te pones a indagar profundamente cuál fue el fallo, te garantizo que en la mayoría de los casos la mujer cometió el error garrafal de dar demasiado. En otras palabras, ¡se sobró!

Lo que pudo haber sido una buena relación, acabó en nada porque la mujer pensó que si se desvivía por él, lograría conquistarlo. Hay algunas capaces de hacer cualquier cosa con tal de capturar a un marido. Ese fue el caso de una chica que quería casarse con un príncipe de la realeza a toda costa.

Cuenta la historia que este príncipe, además de estar solterito también era muy guapo. Un día el monarca decidió casarse. Todas las mujeres de la ciudad se morían por ser la elegida. Cada una de ellas trató de convencerlo: "Yo soy la mujer perfecta para usted." Sin embargo, ninguna pudo persuadirlo. Este hombre era muy exigente y ninguna aparentaba tener todo lo que él buscaba en una futura princesa. Finalmente, llegó una joven bella, dulce y carismática que le dijo:

—Soy capaz de hacer lo que ninguna otra haría.

—¿Sí? ¿Y qué piensas hacer? —preguntó un poco incrédulo.

—Su majestad, yo estoy dispuesta a sacrificarme por usted durante 100 días —dijo con mucha seguridad.

—¿Qué tarea vas a desempeñar durante todo ese tiempo? —preguntó muy curioso.

—Voy a permanecer frente a este reino sin comida, ni agua, ni techo, ni cobijas. Soportaré lluvia, frío y tempestad. Haré este sacrificio solita y sin ayuda de nadie —declaró sin tomar un respiro y concluyó—: Si cumplo esta hazaña, merezco ser su esposa y la reina de este pueblo.

Al soltero más codiciado del reino le pareció impresionante la propuesta, así que aceptó el reto y comenzó la prueba. Los primeros días el soberano estuvo muy ocupado así que ni tan siquiera tuvo tiempo de averiguar lo que estaba haciendo la doncella. Pero después de que acampara frente al reino por 20 días, el príncipe se asomó al balcón para ver cómo iba todo. La mujer se veía serena, aunque un poco cansada. De lejos le guiñó el ojo a su futura prometida y mostró su dedo pulgar hacia arriba en signo de aprobación. Ella le devolvió una sonrisa coqueta y levantó la mano para saludarlo. Así pasaron 30 días. Una mañana tras el desayuno, el príncipe salió a curiosear al balcón. Se llevó una gran sorpresa al ver que la joven había bajado de peso y se veía algo demacrada. Entonces para animarla y mostrarle apoyo, elevó una copa de champaña que tenía en la mano.

Transcurrieron las semanas y al cabo de 90 días, el príncipe miró por la ventana y notó que la mujer estaba muy desmejorada, pálida, sin fuerzas y su cabello era un matojo de greñas alborotadas. Al verla tan decaída, alzó ambas manos moviendo los puños hacia arriba animándola a continuar.

Todo el mundo estaba atónito, nadie podía creer la proeza que estaba realizando la mujer. El pueblo estaba emocionado porque parecía que esta excepcional damisela estaba a punto de cumplir su promesa y pronto iban a celebrar una boda real.

Después de 99 días la mujer parecía "un saco de huesos": estaba esquelética, encorvada, tenía los ojos hundidos, su piel lucía escamosa por el frío y era obvio que estaba enferma. De repente, cuando sólo faltaba una hora para cumplir su cometido, sucedió algo inesperado. Casi sin fuerzas y agarrándose de lo que podía, la frágil joven se levantó y empezó a caminar lentamente alejándose del palacio. Nadie podía creer lo que estaba sucediendo. Los espectadores se preguntaban: "¿Por qué se va, si no le falta nada por acabar?" La noticia corrió como pólvora y estremeció a todo el pueblo. Cuando la mujer llegó a la casa, se tiró al suelo extenuada. Su padre le preguntó angustiado:

—¿Por qué renunciaste si apenas te faltaban unos minutos para convertirte en princesa?

—Papá, soporté las peores calamidades, hubo ocasiones en las que sentía morirme de hambre y frío. Durante 99 días y 23 horas esperé a que ese varón se compadeciera y me liberara de la tortura que estaba viviendo. Sin embargo, lo único que hizo fue alentarme a continuar, demostrándome así la clase de hombre que es. Me di cuenta de que una persona tan egoísta, desconsiderada e inhumana, no merece mi corazón.

—¡Tienes toda la razón! —asintió el padre orgulloso de su hija.

Este cuento nos enseña dos cosas bien importantes. Número uno: alguien que no sea capaz de dar lo mismo que tú, no te merece. Y número dos: no te sacrifiques, ni des lo mejor de ti a menos que la persona se lo haya ganado. Ya lo dice el refrán: "Sacrificio regalado, nunca es apreciado."

Pensemos por unos segundos que la mujer se hubiera quedado hasta el último momento. ¿Te imaginas la conversación entre el príncipe y la damisela después de los 100 días? Yo me la imagino así:

—Su majestad cumplí con mi promesa, ya demostré que puedo ser la mejor esposa —dijo la doncella con voz débil, desnutrida y la boca seca.

—Has hecho un buen trabajo —comentó el príncipe, mientras le daba sorbos a un jarrón de agua fría, sin ofrecerle nada de tomar a la damisela.

—Qué bien, entonces hablemos de la fecha de la boda —pronunció sedienta a la vez que miraba el agua del príncipe.

—En este momento estoy ocupado, pero algún día sacaré tiempo y discutimos el asunto —dijo en tono apresurado.

—Pero... seguro vamos a casarnos. ¿Cierto?

—Pues hay algunas cositas que no me agradan de ti, al parecer eres un tanto cochinita, llevas 100 días sin bañarte —mencionó mientras se tapaba la nariz.

—Pero su majestad, cohibirme del baño era parte de mi ofrenda.

—También me doy cuenta de que no eres cuidadosa, arruinaste el césped en un área de mi jardín.

—Es que ahí dormía, si no hubiera tenido que dormir en el cemento —explicó desesperada.

—Además, me he dado cuenta de que eres ociosa, llevas demasiados días sin trabajar.

—Pero, cómo iba a trabajar si estaba ocupada haciendo este sacrificio.

—Ese no es mi problema, pudiste haber recogido botellas por las calles y luego venderlas. Pero, ya lo dice el refrán: "La holgazanería no deja tiempo libre para nada." Además, otra cosa que no me gustó es que un día te escuché roncar.

—Le juro que nunca ronco, eso fue una excepción, seguramente esa noche estaba muy cansada.

—Presta atención, te voy a ser sincero y te voy a hablar sin pelos en la lengua. A mí no me gusta una mujer que se desvive por un hombre y no tiene vida propia. Eso realmente es un mata pasión. Todas las mujeres de este pueblo sufren de lo mismo; no saben darse a sí mismas su lugar. Voy a ir a otro reino a buscar a una mujer que tenga la falda bien puesta. Lo siento, ¡contigo no me caso!

Esta escena es algo exagerada, no obstante, te aseguro que algo muy parecido pudiera haber pasado si la doncella hubiera superado los 100 días de desafío. El príncipe como quiera le encontraría algún defecto a la mujer y no se hubiese casado.

> Cuando das algo valioso, y quien lo recibe no tiene que hacer ningún sacrificio para obtenerlo, definitivamente no lo aprecia.

Sacrificada + Sobrada = Hombre desinteresado

Hay una regla que establece que si hay abundancia de un producto el precio disminuye y no es tan codiciado. Pero si escasea, todo el mundo lo quiere y su precio aumenta. Por ejemplo, si quieres comprar una docena de rosas rojas el Día de San Valentín, te van a costar más dinero que si las compras cualquier otro día del año, ya que durante la Semana del Amor, esta flor escasea debido a la alta demanda que hay de rosas.

De la misma manera, este principio corresponde a los asuntos del amor. Cuando no eres asequible y te haces la difícil, te agregas valor y te vuelves más deseable. Pero si das demasiadas atenciones y te sacrificas excesivamente por el otro, no serás correspondida de la manera que esperabas.

El hombre es cazador

Hay una gran variedad de hombres en este mundo. Los hay altos, chaparros, feos, guapos, inteligentes, tontos, malos, buenazos, amargados, chistosos, flacos, musculosos, arrogantes, humildes, cariñosos, fríos, conservadores, extrovertidos, vagos, trabajadores, románticos, aburridos, espléndidos, tacaños, fieles, mujeriegos, pesados, amables, limpios, cochinos, meticulosos, desorganizados, puntuales, irresponsables y una larga lista que no termina. Sin embargo, aun con la extensa diversidad, existe una característica que tienen todos ellos en común: son "cazadores", es parte de su genética. No importa su cultura, religión o lugar de origen, todos nacen con el arco y la flecha en la mano. Al hombre le fascina el reto de perseguir a su presa hasta capturarla.

El hombre es cazador por naturaleza. Hace miles de años su principal propósito y trabajo era alimentar a la familia, a través de la caza. El primer deporte que aprendió fue correr detrás de lo que más deseaba, fuera una gallina, un conejo o un oso. Desde entonces, relacionó la cacería con el placer de obtener lo que quería.

Si traemos este concepto al tiempo presente, el hombre siempre va a querer perseguir y atrapar lo que le atrae para satisfacer su instinto. Por eso, cazar a una mujer es la actividad más placentera de su vida.

Entonces, ¿por qué ir en contra de la naturaleza y tratar de cazar a un hombre? ¡No puedes perseguirlo! Si realmente quieres interesarlo, evita abarcarlo. Tienes que dejar que sea él quien te busque. Un individuo valora a una mujer cuando tiene que esforzarse y pasar mucho trabajo para capturarla.

Tengo un gran amigo italiano, Michael Preziose, aficionado a la cacería. Todos los otoños se va con tres amigos al estado de Colorado por dos semanas a cazar venados y alces. Cuando regresa de la cacería a su casa en Los Ángeles, California, acostumbra a invitar a sus amistades y familiares más cercanos a una barbacoa en la que cocina la carne de los animales que capturó. Su afición va más allá de cazar y comerse los filetes de sus presas.

En la sala de su casa expone con orgullo, encima de la chimenea, la cabeza de un alce que cazó con mucha dificultad.

Su esposa Luz me contó que disecar el alce y montarlo como una pieza decorativa especial le costó dos mil dólares. Cuando le dije a Michael que mi vecino había conseguido una cabeza de venado en una venta de garaje por tan sólo 50 dólares, respondió: "Me puedes ofrecer la cabeza de un león por un dólar pero no me interesa porque solamente cuelgo en la pared de mi casa un animal que haya cazado yo." Michael me explicó que cuando de cacería se trata, las presas que capturas son un trofeo, y las más valiosas y admiradas son aquellas difíciles de atrapar. De la misma manera que Michael sólo valora las presas que se resisten, así actúan los hombres: sólo valoran a las mujeres difíciles de enamorar.

En el deporte de la caza, cuando el cazador consigue una gran presa, la abre, le quita la piel, la limpia, filetea la carne y la pone a la parilla. Y antes de colgar la cabeza del animal como trofeo, ya está pensando en su próxima expedición. De la misma manera, cuando un hombre conquista a una dama y sabe que la tiene a sus pies, la emoción se acaba y el interés por ella disminuye. Si en ese momento le pasa por delante una mujer interesante, automáticamente se activa su instinto cazador. Por eso, aun cuando ya estás casada y viviendo con tu marido no puedes darle a entender que no puedes sobrevivir sin él. Si tu pareja piensa que te tiene por completo, pierde respeto por ti y pasas a un segundo plano.

Cuántas veces has escuchado a una mujer quejarse de que "Él ya no es detallista como al principio." Cuando un hombre deja de regalar flores, enviar notitas, abrir la puerta y otros detalles románticos es porque piensa que ya no tiene que esforzarse por impresionar a su mujer, pues sabe que la tiene al 100% y no se va a ir con otro.

Es por eso que el hombre nunca debe sentir que te conquistó por completo, siempre debe tener la inseguridad de que si se porta mal, lo vas a dejar. Una vez que reconoce que no tienes miedo a estar sola y que puedes continuar tu vida sin él, siente un gran respeto y admiración por ti, aunque no lo diga. La cualidad que provoca más interés en ellos es saber que una mujer tiene sus propias metas, que su felicidad no depende de nadie y siempre se pone en primer lugar.

Sin embargo, en nuestra cultura, las mujeres crecemos con la mentalidad de que es el segundo lugar el que nos corresponde. Hemos visto a nuestras madres, abuelas y tías sacrificar sus metas para apoyar a sus maridos.

> **Mi experiencia en el campo de la superación personal femenina me ha confirmado que un gran error que cometemos las mujeres en las relaciones amorosas es que sacrificamos nuestros intereses, sueños y hasta amistades por el marido.**

Este tipo de sacrificio no es calculado, sin darte cuenta empiezas a renunciar a las cosas que disfrutas hacer, porque piensas que renunciando a las actividades que eran importantes para ti te querrán más y serás más deseable. Por ejemplo, ya no compartes con tus amigas como lo hacías antes, dejas de hacer ejercicio para poder pasar más tiempo con él, cancelas tu clase de baile para prepararle una cena de cinco estrellas, pones a un lado tus metas profesionales para acomodarte a sus necesidades y hasta incurres en gastos adicionales para impresionar o complacer a tu amorcito. Pero lo cierto es que cuando te sacrificas para que un hombre te quiera más, en vez de seducirlo, lo que consigues es desinteresarlo.

No estoy diciendo que jamás te sacrifiques por tu pareja, hay situaciones en que se justifica, especialmente si se trata de una relación seria, como un matrimonio o un largo noviazgo. También aclaro que no estoy aconsejando que seas fría, creída o indiferente, pues eso lo alejaría. Un hombre necesita saber que él te gusta para emprender su conquista. Sin embargo, hay una gran diferencia entre demostrarle interés y sobrarte.

El problema que tenemos las mujeres es que cuando nos gusta mucho un hombre queremos asegurarnos de que él lo sepa. Nos aterroriza la idea de que vaya a pensar que no existe un interés genuino y se vaya con otra. Y en nuestro afán por retener a un hombre, confundimos la muestra de interés con excedernos en los detalles. En otras palabras, ¡nos sobramos! Y lo peor de todo es que no nos damos cuenta de que demostrar exceso de interés ¡es una metida de pata!

Acciones que revelan que te estás sobrando:

1. *A cada hombre que te pretende lo ves rápidamente como tu futura pareja. Cometes la locura de decir: "Estoy buscando una relación seria, no me gustan los juegos" en la primera cita. Cuando un muchacho capta tu deseo por atraparlo, huye en dirección opuesta. Tómate las cosas con calma. Primero desarrolla una amistad y deja que florezca un romance.*

2. *En el primer encuentro te pide el número de celular y tú le facilitas todos tus contactos, como correo electrónico, cuenta de Facebook, Twitter, teléfono del trabajo y hasta le dices dónde vives. Él se sospecha que le das toda esta información para que no exista la más mínima posibilidad de que no pueda comunicarse contigo. ¡Y tiene toda la razón!*

3. *Acabando de conocerlo le pides que sea tu amigo en Facebook. Y eres tan tonta que crees que él no se va a imaginar que realmente quieres averiguar todos sus pasos.*

4. *La primera vez que hablan por teléfono no lo dejas ir y la conversación se extiende dos horas. Este es un mensaje claro de que no hay otro hombre pretendiéndote y que estás dispuesta a darle todo tu tiempo y atenciones. Te haces más deseable cuando hablas con él por 15 minutos y amablemente le dices: "Perdona que te corte tan rápido, pero tengo que salir."*

5. *En cuanto terminan una cita amorosa, rápidamente le envías un mensaje de texto diciéndole: "Qué bien la pasé contigo. Espero que se repita pronto." No te das cuenta de que ese recado está de más. Se supone que sea él quien envíe este tipo de mensaje.*

6. Lo llamas con el pretexto de que acabas de ver o escuchar algo que le podría interesar. Por ejemplo, te enteras de que su cantante favorito va a estar de gira en la ciudad y te comunicas para darle todos los detalles. Aunque trates de disimular, él sabe que tu interés es hablar con él.

7. Estás en el teléfono. De repente entra su llamada y le dices: "Dame un momentito para colgarle a mi mamá." Vuelves a él en menos de cinco segundos, demostrándole que tu prioridad es atenderlo.

8. Enseguida te metes con él en la cama. Justificas tu comportamiento de "noche loca" diciéndole: "No puedo creer lo que estoy haciendo, deben ser los tragos... Te juro que es la primera vez que me acuesto con alguien tan rápido." De más está decir que jamás te creerá, así que no te tomes la molestia en excusarte, aun cuando sea verdad. No sólo pensará que eres una mujer fácil, sino mentirosa. Por eso, calladita te ves más bonita.

9. Manejas dos horas, tomas cinco trenes o te subes a un avión para encontrarte con tu amorcito porque temes que sin este esfuerzo, la relación se enfríe. Este hombre se regodea en tus atenciones y reconoce que no tiene que perseguirte porque sabe que estás dispuesta a detener tu mundo por él.

10. Dos semanas después de conocerlo lo invitas a que te acompañe a la boda de tu prima. Aunque te diga que sí, está asustado porque piensa que estás tomando la relación muy aceleradamente. Solamente una mujer desesperada presenta rápidamente a un extraño a su familia.

11. Apenas empezaron a salir y pasan tres días que no se ha comunicado contigo. Lo llamas para preguntarle: "¿Por qué no me has llamado? Me tienes preocupada." No te das cuenta de que te harías más atractiva si esperas a que te llame él y no mencionas absolutamente nada de su desaparición. Así piensa que estuviste tan ocupada que no te hizo falta y ni te acordaste de él. Tu reacción le crea inseguridad y no vuelve a esfumarse.

12. *Te encanta dar sorpresas, así que decides aparecerte sin previo aviso en su oficina para llevarle un cafecito y una caja de pastelitos de carne, guayaba y queso: "Te traje esto para que los compartas con tus compañeros de trabajo. Los compré en una panadería cubana como tú." El hombre realmente queda sorprendido, pero no con los pastelitos cubanos, sino con tu atrevimiento. Nunca llegues adónde no te han invitado, pues muchas veces el que quiere sorprender es quien acaba sorprendido. Además, a los hombres no les gustan este tipo de sorpresas.*

13. *Siempre que te invita a salir estás disponible. Esto no es casualidad, lo que sucede es que cambias, acomodas o cancelas otros planes para estar disponible. Aunque no le dices que alteras tus planes, se imagina que tu vida gira alrededor de él.*

14. *Recibes su llamada tarde en la noche después de salir con sus amigos y te pide que lo vayas a visitar. Te cambias las pijamas, te maquillas y sales volando a la velocidad de un cohete. Tu accesibilidad le confirma que te derrites por él y desde ese día espera que hagas siempre lo mismo.*

15 *Te dice que va a ir con los amigos a un bar para ver el partido de fútbol y le dices: "Ay, me fascinan las alitas de pollo de ese lugar, ¿puedo ir contigo?" Todo el mundo necesita su espacio. Si percibe que quieres acaparar todo su tiempo, se sentirá agobiado y querrá escapar.*

16. *Contestas textos, llamadas o e-mails tan pronto los recibes y hasta te llevas tu celular al baño por si te llama mientras te duchas. Jamás debes demostrar que te mueres por tener contacto con él. Tómate tu tiempo para responder cualquier comunicación. Y cuando lo llames dos horas después, no le digas por qué no le respondiste rápidamente. Una mujer que no da explicaciones crea un misterio a su alrededor que la hace más atractiva.*

17. Interrumpes tu rutina para poder pasar más tiempo con él; te acuestas más tarde, haces menos ejercicio, cambias tus horas de comida, dejas de ir a la iglesia, no limpias tu apartamento, se te acumula la ropa sucia, no pasas tiempo con tus amigas y hasta olvidas llamar a tu mamá. No abandones tus hábitos para acomodarte a los de él. Si quiere pasar más tiempo contigo, que te acompañe a alguna de tus actividades, bien sea ir al gimnasio o a la iglesia. Cuando vea que no dejas tus intereses a un lado, ten por seguro que se cuestionará: "Cómo es posible que para esta mujer sea más importante limpiar su casa que verme a mí." Tu independencia es más seductora que llevar una falda corta.

18. Eres extremadamente cariñosa y empalagosa. En todo momento, le das besitos, lo abrazas, jugueteas con sus manos, le acaricias la espalda y cuando lo notas un poco frío, le dices: "¿Quieres que te quite los zapatos y te de un masajito? Tengo una loción de menta riquísima para los pies." Ser afectiva es bueno y necesario en una relación, pero cuando lo haces constantemente y de manera exagerada estás diciéndole a tu pretendiente: "Me falta amor, necesito alguien que me quiera."

19. Te llama el viernes para invitarte a salir esa misma noche. Y tú le dices: "Por supuesto que puedo ir." Tu actitud le comunica que estás disponible en cualquier momento. Cuando un hombre te llame para salir a última hora, aunque no tengas planes, dile: "Lo siento, pero ya tengo un compromiso esta noche." Así sabrá que contigo tiene que hacer planes.

20. A mitad de semana lo llamas para saber cómo está y cuando te comenta que está agripado le dices: "Te voy a llevar una sopita de pollo que levanta a los muertos." Un ofrecimiento como este se le hace únicamente a un marido, un comprometido, un familiar o a un buen amigo. Pero no a alguien que acabas de conocer. Un hombre sabe que un gesto tan tierno sólo viene de una mujer locamente enamorada.

21. Se acerca el fin de semana y como no te ha invitado a salir, le sueltas una indirecta: "El sábado y domingo no tengo planes, voy a descansar en mi casa." Cuando le dices estas palabras lo que él escucha es: "Te suplico que me invites a salir, no tengo nada que hacer."

22. Le comentas que vas de vacaciones a Cancún con unas amistades y él te dice: "Guau, me gustaría visitar algún día esas playas, pero tengo muchos gastos." Y tú te vas derechita al banco y sacas de tus ahorros para pagarle su boleto de avión. Cuando gastas dinero en un hombre, éste piensa: "Esta mujer está dispuesta a hacer lo que sea con tal de retenerme." A menos que sea su cumpleaños o una ocasión especial, no hay razón para estar haciendo regalos.

23. Te ves todos los días con él. Al principio de la relación debes limitar el número de encuentros a un máximo de dos veces por semana. Tómate las cosas con calma. Una relación es como cocinar; si te apuras y pones la relación a fuego alto desde el principio, ¡la vas a quemar!

24. Crees completamente en el dicho: "El amor entra por la cocina", por eso, acabando de conocerlo lo invitas a tu casa para impresionarlo con tus habilidades culinarias. Le preparas un gran banquete que tomó cinco horas confeccionar y después de llenarse la panza se pregunta: "¿Qué hice yo para merecer este manjar?" Un hombre es merecedor de una exclusiva cena hecha en casa cuando sea una ocasión especial. Mientras tanto, si lo quieres alimentar, pide una pizza, prepara unas hamburguesas o haz unas simples quesadillas. Aunque nuestra cultura latina nos enseña que cocinar es un gran atractivo para los hombres, este principio no debe aplicarse al comienzo de un amorío. Los sacrificios, detalles y atenciones en una relación se van dando poquito a poco para que la otra persona los aprecie.

A primera vista, cualquiera de estos comportamientos parecería ser inofensivo para establecer una futura relación. Ninguna mujer hace estas cosas pensando que se está sobrando, más bien cree que está siendo amigable y que el hombre sólo va a pensar: "Ay, qué mujer tan buena y detallista." Pero por su cabeza lo que pasa es: "Ay, esta mujer se muere por mí." Y como te mueres por él, ya no tiene que conquistarte.

> **Lo que hay que tener al comienzo de una relación es paciencia, paciencia y más paciencia.**

No te aceleres

Sin darte cuenta, te apresuras y llevas el proceso de conocerse a 100 millas por hora. Apenas llevas un mes saliendo con un chico y ya te imaginas caminando hacia el altar. Te advierto que puedes encontrarte con un hombre que sea tan acelerado como tú, pero tarde o temprano él va a extrañar su espacio y se retirará. Es ahí cuando quedas descorazonada y te preguntas: "¿Qué pasó, todo iba tan bien?" Según tu criterio, todo marchaba de maravilla, ¡pero tu velocidad lo asustó!

Muchas veces, las mujeres nos apresuramos en decir y preguntar cosas que, en vez de unir más a una nueva pareja, hacen que él quiera salir corriendo como alma que lleva el diablo. Si te has atrevido a hacer algunas de las siguientes preguntas en las primeras semanas, sin duda te aceleraste.

- *¿Cómo te sientes a mi lado?*
- *¿Estás saliendo con otras personas o solamente conmigo?*
- *¿Le has hablado a tus amigos o familiares de mí?*
- *¿Hacia dónde va nuestra relación?*
- *¿Qué falló en tu relación anterior?*
- *¿Todavía hablas con tu ex?*

- *En una escala del cero al diez, ¿qué número me das?*
- *¿Dónde te ves dentro de un año?*
- *¿Te gustaría casarte y tener hijos?*
- *¿Qué tal si te ayudo a organizar y limpiar tu apartamento?*
- *¿Quieres una copia de la llave de mi casa?*
- *¿Te gustan mis besos?*

Todas estas preguntas están de más y muestran inseguridad. Es como si tuvieras un letrero en la frente que dice: "Estoy desesperada por tener una pareja." Sin pensarlo abres la boca, pues para ti es natural querer saber las metas e intereses a largo plazo de esa persona, y asegurarte que la relación tiene futuro. Pero no puedes acelerarte. Un hombre enamorado —en su debido momento— contestará cada una de estas preguntas sin que tú lo cuestiones.

Tu deseo de tener más contacto con él y continuar fortaleciendo la relación es normal para ti, pues has conocido a alguien que realmente te atrae. Pero tienes que ser muy cautelosa con cada uno de tus movimientos románticos; cada pregunta, llamada, invitación, texto, comentario, indirecta, favor, regalo, cariñito o cualquier detalle que tengas, delata tus intenciones y sentimientos. Y cuando hay exceso de comunicación y contacto de tu parte, envías un mensaje de desesperación y miedo a perder a tu nuevo enamorado.

Aprende a esperar

Al igual que tú, yo sé lo desesperante que es sentarse a esperar que te llamen y dejar que sea el hombre quien tome la batuta, puesto que quieres que sepa que estás interesada en él. Quieres mostrar lo entusiasmada que estás; deseas que se le haga fácil invitarte a salir otra vez. Y por supuesto quieres hacerle ver que no eres una mujer difícil de enamorar, por miedo a que pierda el interés en conquistarte. Por eso, dejas aflorar muchos de los comportamientos que mencioné anteriormente.

Es cierto que un hombre necesita sentirse validado. Pero te repito, hay una enorme diferencia entre hacerle saber que te gusta y sobrarte. Cuando tú tomas el papel de cazadora le quitas la oportunidad de que demuestre cuánto interés tiene en ti. La única forma de descubrir qué tanto le importas es dejando el camino libre para que pueda perseguirte. Por esta razón, muestra tu feminidad y coquétéale, pero no te sobres, ni te aceleres. En otras palabras, tírale la carnada, ¡pero no lo pesques!

El secreto para tenerlo a tus pies

Tal vez te preguntas, ¿cómo le demuestro interés si no lo llamo, no le pregunto, no lo invito y no cambio mis planes para salir con él? Pues te voy a dar la fórmula secreta para que un hombre "se vuelva loco por ti", sin tener que sobrarte.

La clave está en comportarte como una mujer feliz cuando estés con él. En esos momentos, muéstrale que disfrutas de su compañía y que sabe complacerte. Mientras le hagas saber que a su alrededor te sientes feliz, ese hombre hará hasta lo imposible por conservarte a su lado. Las palabras mágicas que quiere oír son: "Qué divertido eres, me gusta pasar tiempo contigo", y si le agregas de vez en cuando algo como: "Admiro a los hombres inteligentes como tú", ten por seguro que va a querer más de ti. Recuerda que para que un hombre quiera seguir viéndote, lo principal es que tiene que sentirse importante en los momentos que comparte contigo.

Cuando un caballero percibe que eres una mujer feliz, segura, con intereses propios y que no necesitas perseguir a ningún hombre, te aseguro que tu pretendiente hará todo lo posible para evitar que otro cazador intente atraparte.

Una vez que un cazador muestra interés y pone el ojo en ti, no tienes que desvivirte, sacrificarte, sobrarte, acelerarte, ¡y mucho menos bajar de peso! Sé como una elegante gacela, un tipo de antílope que se exhibe en las llanuras mientras leones, leopardos, cocodrilos y hienas le echan el ojo cautelosamente para cazarla. Ella coquetea, pero no se deja atrapar fácilmente; usa sus largas y finas patas para correr a una velocidad de hasta 100 kilómetros por hora. ¡Y mientras más corre, más la persiguen!

Ejercicio:

1) Haz la siguiente prueba para descubrir si "te sobras" en las relaciones amorosas.

¿Dejas de hacer planes con tus amigas para estar disponible cuando te llame?	**SÍ** NO
¿Eres más cariñosa con él de lo que lo es él contigo?	SÍ **NO**
Cuando te deja un mensaje en tu contestadora o te envía un texto, ¿sientes la urgencia de responderle rápidamente?	**SÍ** NO
¿Sientes ansiedad cuando se despiden y no te dice cuando se volverán a ver?	SÍ **NO**
¿Cambiaste una cita médica importante o de trabajo por cumplir con él?	SÍ **NO**
¿No te atreves a pedirle un favor por miedo a ser una carga?	SÍ **NO**

¿Has descuidado tu trabajo o estudios para
pasar tiempo con él?   SÍ   NO

¿Piensas que tu pareja debería mostrar
más interés en ti?   SÍ   NO

¿Accedes a lo que te pida porque temes
decir que no a sus peticiones?   SÍ   NO

¿Haces cualquier sacrificio por estar con él?   SÍ   NO

¿Te esmeras por tener detalles y complacerlo
en sus gustos más de lo que él lo hace por ti?   SÍ   NO

¿Acomodas tu comportamiento a sus necesidades
para no incomodarlo o hacerlo enojar?   SÍ   NO

Si respondiste SÍ a seis o más de estas preguntas, significa que tu relación
está desequilibrada y estás dando más de lo que recibes. En otras palabras,
¡te estás sobrando!

"SI TE HACES MUY
DISPONIBLE ANTE LOS
CAPRICHOS DE UN HOMBRE,
EL 99.9% DE LAS VECES NO
TE APRECIARÁ Y PERDERÁS
VALOR."

ERROR Nº 4:
A la cama muy pronto

Para todas nosotras, nuestra abuelita es hermosa; como para todas las mamás, sus hijos siempre son bellos. Pero en mi caso no estoy exagerando. En la sala de mi casa tengo una foto de mi abuela cuando tenía 30 años y no falla que todo el que entra a mi hogar me pregunta: "¿Quién es esa mujer tan bella?" A lo que respondo con orgullo: "Es mi abuela, ¿me parezco a ella, verdad?"

A simple vista, la foto de mi abuela parece ser sacada de una publicidad de revista. Más allá de su collar de perlas y el elegante vestido negro, resaltan sus delicadas facciones: rostro lozano, labios carnosos y largas pestañas. A pesar de que no muestra escote, derrocha sensualidad. Pero su belleza exterior no lo es todo, mi abuela siempre ha sido una mujer decidida y muy segura de sí misma. Por eso, no es de extrañar que durante su juventud, Abuela Mercedes tuviera más admiradores que cualquier estrella de Hollywood.

Recientemente, mi abuela celebró sus 100 años. Su mente está más clara que el agua. El día de su cumpleaños fue una de las invitadas en mi programa de radio. Durante la entrevista le hice varias preguntas sobre la vida, las relaciones y los hombres. La respuesta a una de las interrogantes ocasionó controversia entre mis oyentes. Le pregunté: "¿Qué consejo le darías a una mujer que desea conquistar a un hombre?" Sin titubear respondió muy sagaz: "Si quieres enamorar a un hombre, ¡debes mantener las piernas cruzadas!" Todos en el estudio nos echamos a reír, realmente nos sorprendió su honestidad y picardía.

Su respuesta fue muy acertada para su época. En los tiempos en que crecieron nuestras abuelitas, una mujer que se iba a la cama con un hombre antes del matrimonio, perdía la oportunidad de formalizar una relación con él, porque era muy posible que el caballero perdiera el interés en ella. Obviamente los tiempos han cambiado, el hecho de que una mujer se acueste con un hombre antes de recorrer el camino al altar, no significa que se quedará solterona o que nadie la va a querer. Si fuera así los negocios que confeccionan pasteles de boda estarían en la bancarrota. Hoy día todas conocemos a una, o varias amigas, que conviven con su novio bajo el mismo techo sin estar casadas y tienen una excelente relación con su pareja.

Tal vez opinas que no hay nada malo en tener sexo con quien sea, donde sea y a la hora que sea. O a lo mejor piensas que tener sexo antes del matrimonio es inmoral. No estoy aquí para juzgar tu comportamiento sexual, lo que sí puedo asegurarte es que uno de los errores más grandes que cometen las mujeres en las relaciones amorosas es involucrarse sexualmente con un hombre demasiado rápido, especialmente cuando aspiran a un romance formal.

¿Cuánto debes esperar para acostarte?

En el mundo de las relaciones no existe una regla que te indique cuál es el mejor momento para hacer el amor por primera vez. Hay diferentes puntos de vistas, filosofías y razonamientos sobre este candente tema. En Estados Unidos por ejemplo, hay una popular norma de sexo conocida como La regla de la tercera cita. En otras palabras, debes aguantarte los deseos de meterte bajo las sábanas, hasta el tercer encuentro.

Pero cada relación es diferente. Si le preguntas a 100 parejas felices cuánto tiempo tardaron en irse a la cama, unos te dirán que dos semanas, otros un mes, algunos 90 días y habrá uno que otro que te confiese: "Nos acostamos en la primera cita" o "Nos aguantamos las ganas hasta el final y no hicimos nada hasta la noche de boda".

Sin embargo, no porque a alguien le haya ido bien teniendo sexo después de cierto número de citas, significa que tú puedes usar la misma fórmula. Cada situación y cada pareja es única, por eso no puedes medir tu ritmo a la hora de iniciar el contacto sexual con la misma vara que se usa para medir otras relaciones.

Aunque no hay un tiempo determinado para entregarte, sí existen cinco requisitos esenciales que debes tener en cuenta antes de meterte en la cama con alguien por primera vez.

1. Jamás en la primera cita

Si estás interesada únicamente en tener sexo con un hombre y no te importa volverle a ver la cara nunca más, ¡protégete, acuéstate con él y disfrútalo! Pero si estás leyendo este libro es porque no deseas que te utilicen en la cama por una noche, sino encontrar una pareja que te tome en serio y quiera formalizar una relación contigo.

Acostarte en la primera cita reduce las probabilidades de que un hombre te vea como su futura esposa. Puede que alguien te cuente que se acostó con un tipo en la primera cita y todavía están juntos, pero eso es una excepción a la regla.

Te advierto que las probabilidades de tener sexo en la primera noche con un hombre y terminar casada con él, son las mismas que comprar un boleto de la lotería y ganar el primer premio.

Lo que la mayoría de los hombres busca inicialmente en una mujer no es otra cosa que sexo. Cada vez que un hombre se acerca a ti porque le atraes, el primer pensamiento que pasa por su mente es: "Mmm... qué rica se ve esta mujer... ¿Me la podré llevar a la cama?" Sé que suena frívolo, pero es la realidad. El hombre no busca matrimonio, ni relaciones serias a primera vista. Te repito, lo que él quiere es sexo. Tu comportamiento determinará si más tarde te toma en serio y dice: "Mmm... que rica se ve esta mujer...Me gustaría tenerla de novia." Mientras más rápido te alces la falda, más rápido alzará él el vuelo.

Cuando te acuestas con un hombre que acabas de conocer, la gran mayoría piensa una de estas tres cosas:

A. *"Si se acostó tan rápido conmigo, hará lo mismo con todos los que la pretenden."*

B. *"Si se va a la cama tan fácilmente, no es buena candidata para una relación seria, pues me pondrá los cuernos con facilidad."*

C. *"No quiero de esposa a una mujer fácil porque no sabrá darle un buen ejemplo a mis futuros hijos."*

Lamentablemente, cuando te acuestas en la primera cita arruinas las posibilidades de una relación seria. Sin embargo, somos humanas y en un momento de pasión es fácil caer en la tentación. Seamos honestas, la carne es débil y, al igual que el hombre, deseamos meternos a la cama; sobre todo cuando conocemos a alguien que nos fascina, sentimos una gran química y hasta una conexión emocional. Pero a diferencia de ellos, si lo hacemos, tenemos mucho que perder. Por eso tenemos que ser fuertes y evadir las tentaciones. El reto que tenemos todas las mujeres es que los caballeros nos hacen enfrentar continuamente la prueba de fuego.

¿Cómo vencer la prueba de fuego?

El hombre te someterá rápidamente a esta prueba. Puede que sea en la primera, segunda o tercera cita, pero no más allá de eso. Los resultados de esta prueba determinan cuáles serán sus futuras intenciones contigo. La prueba de fuego está diseñada para medir cuán flojas son tus piernas y si pueden alcanzar un ángulo de 90 grados. Suena sarcástico, pero la realidad es que este reto está hecho para descubrir cuán fácil eres. Una típica escena de una mujer que enfrenta esta prueba es la siguiente:

Patricia salió una noche a bailar con sus amigas a un club y conoció a Luis, quien le pidió su número de teléfono para acordar una cita. Tres días después, el joven la llamó para invitarla a cenar. Fueron a un restaurante de comida tailandesa y durante la cena hubo mucha química entre ellos. Al saborear el postre, ella le comentó:

—Este es el helado de coco más sabroso que he comido —dijo con una sonrisa coqueta mientras saboreaba la última cucharada.

—Eso no es nada, espera a que pruebes mis besos.

—¿Y quién te dijo que me vas a besar? —le preguntó ella jocosamente, pero a la vez envió la indirecta de que sus besos no se consiguen tan fácilmente.

—Tus ojos me lo dicen todo —aseguró Luis, a la vez que se levantaban de la mesa y le tomaba la mano para caminar hacia afuera.

—Qué hermosa está la noche, fíjate que no hay ni una nube.

—Desde mi apartamento, en el piso 58, tengo la vista más hermosa de la ciudad. ¿Quieres verla?

—En otra ocasión. Mañana tengo que trabajar.

—Pero, es temprano, apenas son las nueve. Confía en mí, te prometo que estaremos allí sólo un ratito —dijo casi rogándole.

—Ok, pero sólo un momento.

En cuanto entraron al apartamento neoyorquino, Luis le dio un recorrido de su acogedor y lujoso lugar. Cuando llegaron al lindo balcón, Patricia puso sus manos en la baranda y comenzó a apreciar el impresionante panorama.

—Guau, esta vista es más bella de lo que pensé —dijo mientras se frotaba las manos para compensar el frío.

—Pero tú eres más hermosa. Desde que te vi en el club la otra noche me encantaste —le susurró sensualmente al oído mientras la abrazaba por la cintura y ella continuaba mirando el romántico panorama.

—Ay, no me digas eso que me sonrojo —confesó a la vez que se volteaba coquetamente y lo miraba con intensidad.

Luis comenzó a acariciarle la parte baja de la espalda, casi tocándole las nalgas. Aunque Patricia estaba disfrutando el momento, le subió las manos a su cintura para controlarlo, pues ella sabía que este juego se podía poner ardiente. Luis siguió insistiendo y Patricia seguía deteniéndolo. Él cada vez se excitaba más. Y llegó el punto culminante de la prueba de fuego:

—Vamos a la habitación, por favor —le suplicó.

—Lo siento, pero no podemos.

—No va a pasar nada que tú no desees. Te prometo que voy a llegar hasta donde tú quieras.

—Pues hasta aquí es donde quiero llegar porque yo no me acuesto con un hombre que acabo de conocer —aseguró en un tono firme dejándole saber a Luis que ella no es mujer de tener sexo fácilmente.

Hasta ese momento Luis había mirado a Patricia con un sólo propósito: ¡Acostarse con ella! Desde ese momento se dio cuenta de que para tener sexo con esta mujer tenía que estar dispuesto a explorar la posibilidad de conocerla mejor. Después de este incidente, Luis mirará a Patricia de una forma diferente. En la próxima cita no será tan insistente porque ahora sabe que ella no es rapidita. Y si no la vuelve a llamar, mejor para ella, pues significa que él sólo buscaba mujeres para llevarlas a la cama.

Todas hemos tenido que enfrentar la prueba de fuego y si no la superaste en algún momento, no te lamentes: aprendemos de nuestros deslices. Más bien alégrate de que ahora conoces el riesgo que corres y estarás lista para superar la tentación.

Te recuerdo, si te acuestas con un hombre en la primera cita, no te ilusiones con la idea de que más adelante se arrodille y te sorprenda con un anillo de tres quilates. Por eso, sigue el consejo de mi abuelita: "Mantén las piernas cruzadas."

Aclaración: No estoy diciendo que después de la primera cita tienes luz verde para acostarte con un pretendiente. Tener relaciones sexuales en la segunda o tercera cita también puede arruinar las posibilidades de que un hombre te mire seriamente. El número de citas que debes considerar antes de acostarte dependerá de cómo te sientas con los otros puntos que explico a continuación.

1. Asegúrate de que son compatibles

No confundas la química sexual con la compatibilidad. La química sexual puede existir desde el momento en que cruzas miradas con alguien. ¿Te ha pasado que repentinamente conoces a un hombre y sin intercambiar muchas palabras te sientes flechada? De momento existe una atracción tan fuerte que hasta te puede robar el sueño una o varias noches. Cuando sentimos una química tan fuerte por alguien, nos volvemos ciegas, sordas, mudas, ¡hasta tartamudas! Esa seducción instantánea es inexplicable y te puede suceder con alguien de quien no conoces nada, ni tan siquiera su estado civil, sus costumbres o intereses.

Así me pasó cuando fui a la fiesta de Navidad del trabajo de mi amiga Wanda. Llegamos juntas al evento y ella me presentó a un grupo de invitados, entre los cuales había uno que cuando nos saludamos clavó su vista en mí, dejándome electrocutada. En la siguiente hora, cruzamos sonrisas y profundas miradas, hasta que no pude más con la curiosidad y le dije a mi amiga:

—Uno de los hombres que me presentaste me ha movido el piso.

—¿Cuál de todos?

—El de la camisa negra.

—¿Ese viejo? —exclamó refiriéndose a un abuelito que había en una esquina conversando.

—No, el que está al lado de las dos señoras en la barra.

—Ay, mi querida María... si supieras.

—No me digas, ¿es gay?

—No, eso no sería problema. Al menos podrías salir con él de compras y a divertirte.

—¿Entonces?

—Ese papacito tiene dueña. ¡Y es mi jefa!

Su revelación me hizo sentir como si me hubieran tirado de un séptimo piso. ¡Qué desilusión! Lo interesante es que fui tan ingenua que en menos de una hora llegué a creer que el amor puede surgir a primera vista. ¿Qué fue lo que me atrajo de este hombre sin conocer absolutamente nada de él excepto que se llamaba Carlos? Se trató de química sexual, una atracción inexplicable que podemos sentir por otra persona con tan sólo percibir su olor, intercambiar miradas o sencillamente sentir su presencia a nuestro lado.

Cuando estas fuertes emociones tienen lugar, olvidamos que el vínculo amoroso vas más allá de sentir una atracción física por alguien. Y contrario a lo que algunos piensan, la base de una buena relación no está fundada sólo en la química sexual, sino en una combinación de varios elementos. Por eso, para que el amor perdure, dos personas tienen que llevarse bien dentro y fuera de la alcoba.

Hay parejas que acabando de conocerse sienten un deseo carnal muy intenso, sin embargo después de varias citas se dan cuenta de que no tienen mucho en común. Por ejemplo, digamos que te encanta ir a museos, sientes una gran apreciación por el arte y eres fanática de la pintura. Un día tu enamorado y tú están hablando de lugares que te gustaría visitar y le dices:

—Me muero por ir a España, para visitar a Guernica.

—¿Y quién es? ¿Una amiga?

—No, ¿nunca has escuchado de ella?

—Pues realmente no.

—Pero, ¿conoces a Picasso? ¿Cierto?

—¡Pues claro! Todas las navidades compraba uno para mi mamá.

—¿Cómo? Seguramente eran copias.

—No, eran reales. A mi mamá no le gustan las imitaciones. Los compraba en una tienda por departamentos.

—Pero, ¿cómo es posible que en una tienda por departamentos vendan un Picasso?

—Claro, los encuentras en el primer piso, en el departamento de perfumería. Paloma Picasso es una de las fragancias más clásicas. ¿Ves? No te puedes quejar, yo también sé de cosas de mujeres.

—Yo me refería a la obra más popular del pintor Pablo Picasso.

Después de descubrir que tu pareja no tiene ni idea de lo que a ti te interesa, por más afinidad que tengas en la cama con un hombre, si a la hora de hablar de las cosas que te apasionan descubres que él no puede opinar, poco a poco la química se irá extinguiendo. La desigualdad de intereses aleja paulatinamente a las parejas.

Por eso, si buscas una relación con futuro, es importante sentirte igualmente atraída por su físico que por su mente. Debes procurar tener una variedad de temas en común para compartir. Por esta razón debes pasar más tiempo hablando y aprendiendo de las vidas de ambos que en besuqueos y caricias.

Dicen que los polos opuestos se atraen, pero no los extremos. Es cierto que las diferencias aportan mucho a una relación. Quien tenga en abundancia lo que a ti te falta, puede ser un buen complemento. Por ejemplo, si eres impaciente te beneficiarás de una pareja tolerante que te ayuda a tomar las cosas con más calma, o si eres tímida y tu novio es extrovertido, te ayudará a ser menos cohibida en relaciones sociales. Aunque las cosas que nos hacen distintos pueden favorecernos, también pueden separarnos. Es decir, si eres una mujer pulcra y organizada y te relacionas con alguien descuidado y desordenado, sin duda habrá muchos conflictos. Dentro de las diferencias y similitudes que existan en una pareja, hay dos cosas que son imprescindibles y que verdaderamente crean la compatibilidad: metas futuras y valores morales. Esto significa que los valores y las metas de ambos deben ser los mismos. Los dos son esenciales para que la relación sea duradera. Una de las principales razones por la que muchos matrimonios no funcionan es porque después de un tiempo ambos descubren que no tenían metas en común a largo plazo.

Estos dos puntos son esenciales y no pueden ser negociables. En otras palabras, no te involucres con alguien cuya meta es aventurarse como gitano por el mundo cuando tú te mueres por tener hijos y establecer un hogar fijo. Tampoco te enamores de un ateo si la creencia en Dios es uno de tus valores principales.

Cuando se te erice la piel con un enamorado, piensa en si se trata de atracción física y química sexual o si sucede porque al cerrar los ojos puedes ver un futuro donde ambos comparten metas y valores en común. ¡Eso es compatibilidad!

> **Hasta que tu corazón no te diga que puedes confiar en la persona que te pretende, ¡no te desnudes!**

2. La confianza es obligatoria

Ten calma, pues toma tiempo descubrir cuál es el verdadero propósito de alguien contigo. Un hombre te puede decir muchas cosas bonitas acabando de conocerte: "Me gustas demasiado", "Eres la mujer más dulce que he conocido", "Estoy loco por ti", o como me dijo una vez un romántico mexicano, "El sol se intimida porque irradia menos luz que tus ojos". Todas estas palabras son bellas y nos morimos por escucharlas. Son muy dulces para el oído, pero la mayoría del tiempo no son dichas con el propósito de admirarte, sino con la intención de desvestirte, llevarte a la cama y luego continuar con la cacería de mujeres.

Sólo cuando un hombre te conoce profundamente puede tener intenciones serias hacia ti. Esto no pasa en pocos días y mucho menos si te aceleras y tienes sexo prematuramente.

Para evitar que jueguen contigo, te decepcionen o te partan el corazón, no te metas a la cama hasta que puedas confiar plenamente en tu pareja. Y ¿cómo saber si puedes confiar en un hombre? ¡Sencillo!, cuando estés segura de que no hay gato encerrado.

Al leer esta expresión, ya te imaginas lo que quiero decir, porque seguro que a lo largo de tu vida ha habido muchas situaciones raras e inesperadas que te han hecho sospechar que algo no andaba bien.

Digamos que llevas tres semanas saliendo con un chico y todas las noches antes de dormir te llama para decirte: "Buenas noches mi amorcito." De repente sucede algo inesperado, un día no escuchas de él. Te preocupas, lo llamas y le envías textos. Como no te responde, piensas que seguramente le pasó una de dos cosas: se le cayó el celular al inodoro o sufrió un accidente y está en cuidados intensivos en el hospital.

Al día siguiente, el pretendiente aparece como si nada hubiera pasado y te envía un texto: "Hola, disculpa que he estado muy ocupado con el trabajo. ¿Cómo estás?" Es cierto que sólo fue un día que no supiste de él, pero sabes que este hombre te llamaba religiosamente todos los días, así que su comportamiento fue algo inusual. Por eso, después de leer el mensaje, lo primero que te pasa por tu mente es: "Aquí hay gato encerra'o."

Lo pasas por alto y no le das mucha cabeza a este suceso, pero te das cuenta de que de vez en cuando hay algo en la relación que no huele bien. Puede ser que te cancela un compromiso a última hora, lo llamas y tiene el teléfono apagado o nunca te invita a su casa. Para cada una de estas situaciones tiene una buena excusa: "Mi abuelita se enfermó", "Me quedé sin batería en el celular", "No te invito a mi apartamento porque no he comprado muebles". Y según va pasando el tiempo reconoces que siempre hay algo raro en la relación. Su comportamiento te trae incertidumbre. Y por más que tratas de hacerte la ciega, sabes que hay gato encerrado.

Cuando un hombre tiene buenas intenciones y realmente está interesado en ti, ¡no tienes que preocuparte por ningún gato! Más bien él se esmera en no darte ningún motivo para sospechar nada malo de él. Y si no puede cumplir contigo por alguna razón, se preocupa en mostrarte que su incumplimiento fue justificado. Una señal clara de que un caballero tiene buenas intenciones contigo es que no te hará sentir inseguridad.

Si te acuestas con alguien de quien dudas sobre sus intenciones y su fidelidad estarás tendiendo la cama no para el amor, sino para la decepción. Hasta que no puedas decir: "confío en este hombre", ¡no te quites la ropa!

> **Si desde el principio de una relación no eres la prioridad de un hombre, jamás lo serás.**

3. Eres su prioridad

Cualquiera puede decirte con palabras que eres lo más importante, pero las acciones son las que verdaderamente determinan si eres la número uno en la vida de alguien.

Una vez un novio le escribió a mi tía Minerva de su puño y letra cuán importante era ella para él. Fue una carta muy romántica, pero algo incoherente:

18 de julio de 1956

Querida Minerva:

No te imaginas cuánto te extraño. Aún tengo impregnado en mi camisa tu dulce olor. Amor mío, con tal de besarte subiría la montaña más alta de Puerto Rico, cruzaría el mar Caribe nadando y te bajaría del cielo la estrella más brillante. Estoy contando los días, horas y minutos para verte y abrazarte la próxima semana.

Con amor,

Jacinto Genaro

P.D. Te veo el martes, pero si llueve, no me esperes.

¡Qué contradictorio este galán! Cuando un hombre está verdaderamente enamorado de ti no hay huracán, tsunami o terremoto que se interponga en su camino para hallarte o conquistarte.

Si eres la prioridad de un hombre no habrá nada ni nadie que lo separe de ti, incluyendo su familia, amigos, trabajo, fútbol o el mal tiempo. Él tratará de complacerte a ti antes de cumplir con otros o consigo mismo. Cuando te invita a salir, no importa que se le presenten otros planes —aun si lo invitan a un importante juego de fútbol— él honra su compromiso contigo.

Otra manera de mostrar que eres su prioridad es que te cuida y se interesa por tus cosas. Por ejemplo, si manejas un auto viejito y tienes que recorrer una larga distancia, ese día te dice: "Mejor llévate mi carro que es más seguro." Se preocupa por tu bienestar tanto físico como emocional.

También puedes medir cuánto le importas si después de salir en una cita te llama para asegurarse que llegaste bien, o te dice: "Tan pronto llegues a tu casa llámame para saber que estás sana y salva."

No hay una fórmula perfecta, exacta y única para medir cuán importante eres para él. Pero puedo asegurarte lo siguiente: cuando se trata de los hombres, sus acciones siempre dicen más que sus palabras. Tu cuerpo es muy valioso, es el templo de tu espíritu; compártelo sólo con quien te considere su prioridad.

4. Hazle caso a tu intuición

¿Te ha sucedido que conoces a un hombre y al principio todo es fabuloso, pero después de unas semanas, una vocecita interior te murmura: "esto no va a funcionar"? O tal vez estás a punto de involucrarte con alguien en un negocio y sientes una mala espina: "Esta persona no me conviene." Como dije anteriormente, esa vocecita es tu intuición, un mecanismo interno muy valioso que Dios te dio para ponerte sobre aviso cuando hay peligro y así cuidarte.

> **Cuando haces caso omiso a tu intuición puedes pasar una gran desilusión.**

Así le sucedió a una amiga muy querida cuyo novio no fue lo que ella esperaba. Después de haber salido por dos semanas, ella me confesó que tenía el presentimiento de que este hombre no era para ella y que no debía acostarse con él, pero no hizo caso a su sexto sentido y se metió en la cama con este joven.

La bomba estalló cuando encontró debajo del asiento del carro de su novio, una revista y un video pornográfico para homosexuales. Cuando mi amiga lo cuestionó, él dijo: "¡Te juro que eso no es mío, es de un amigo!" Aun así, su preocupación la motivó a llamar a la expareja de su novio para preguntarle por qué se habían separado, y ¡sorpresa, sorpresa!, la ex confesó: "¡Lo dejé porque es bisexual!"

Desde el día que mi amiga conoció a este joven, admiró el excelente gusto para vestir que tenía, pero le llamó la atención su obsesión con hacer dieta e ir al gimnasio. Y por eso tuvo una mala espina: "Este hombre se preocupa demasiado por su apariencia, ¿será bisexual?" Si mi amiga le hubiera hecho caso a su intuición y se hubiera tomado el tiempo para conocer a este chico más a fondo, probablemente la verdad hubiera salido a tiempo, antes de que le rompieran el corazón.

Tu intuición susurra constantemente lo que te conviene y cuando no sigues tus instintos, acabas pasando por frustraciones y desilusiones a lo largo del camino, y luego te lamentas: "¿Por qué no le hice caso a mi instinto?" La próxima vez que te encuentres en la encrucijada: "¿Me acuesto o no me acuesto?", "¿Se lo doy o no se lo doy?", "¿Espero o me rindo?", antes de flaquear asegúrate de que eres su prioridad, que puedes confiar en él, que son compatibles y que tu instinto te diga: "Es un buen hombre".

*Aclaración: Para aquellas que preguntan si pueden tener sexo oral, toqueteos y manoseos profundos antes de entregarse por primera vez a su pareja, mi consejo es el siguiente: el territorio debajo de la cintura de ambos, es prohibido hasta que estés lista. Una vez que se invade esa zona de peligro, ¡es muy difícil desalojarla!

Conviértete en la mejor amante

Digamos que pasó un mes desde que conociste a tu pretendiente; han salido dos o tres veces por semana, se han comunicado todos los días, conociste a sus amigos y hasta te sorprendió con tus flores favoritas. Te has dado cuenta de que es un buen partido y, más importante que nada, te derrites por este hombre.

Después de evitar por semanas acostarte con él, estás casi a punto de un colapso cardiaco porque no puedes aguantarte más. Tu desespero es tal que, aun sin hambre, cuando ves un pepino o una salchicha, ¡se te hace la boca agua!

Estás lista para entregarte. Y te pasa por la mente: ¿Tendremos química en la cama? ¿Será un buen amante? ¿Lo hará tiernamente o como un salvaje? ¿Qué tamaño tendrá? Mientras que él piensa: ¿Podré complacerla? ¿Cómo se verá desnuda? ¿Será gritona o calladita? ¿Qué me hará? ¿Será desinhibida o conservadora?

Por si no lo sabías, tu hombre se está haciendo estas preguntas desde el primer día que te conoció. Y ahora que está casi listo para obtener las respuestas, sus expectativas son altas. Ahora más que nunca él desea que seas la mejor en la cama. Pues en otros aspectos has comprobado que eres una mujer ideal. Por eso es superimportante que no lo decepciones en el departamento del sexo.

Hay muchos errores que comenten las mujeres en la intimidad, varios de ellos extinguen el fuego y la pasión que se había iniciado fuera de la alcoba. No permitas que lo que iba tan bien, ¡se enfríe!

Crear con tu pareja una emocionante vida sexual no significa que tienes que ser una bailarina exótica, de esas que se deslizan por una barra, ni tampoco tienes que aprender todas las posiciones del Kama Sutra. Sólo tienes que asegurarte de no comportarte como las siguientes seis mujeres, quienes son expertas en matar la pasión bajo las sábanas. A cada una de ellas le he puesto un nombre peculiar y cínico para que las puedas recordar.

1. La ambientalista:

La actitud de esta mujer en la cama haría pensar a cualquiera que vive preocupada por conservar energía eléctrica. Lo primero que le dice al hombre cuando están a punto de desnudarse es: "Apaga la luz." Y el hombre responde: "Dejemos la luz encendida, quiero verte todita." Pero la ambientalista insiste en hacer el amor a oscuras porque según ella es más romántico y hay que economizar electricidad.

La realidad es que esta mujer no quiere que su enamorado descubra su celulitis, senos caídos, panza, cicatrices, estrías o cualquier defecto físico por el que se sienta acomplejada.

Te advierto que cuando tu pareja está encendida, lo último que le preocupa es cuántos rollitos se te salen. Y si tienes un complejo físico, no se te ocurra apuntarlo. Sé de mujeres que le dicen a su pareja: "Es que no quiero que veas lo gordos que están mis muslos." Tal vez el hombre no le habría prestado atención a tu complejo, pero si lo mencionas sí se va a fijar.

A los hombres les gusta una mujer cómoda en su propia piel. Se enloquecen cuando te muestras como eres, le modelas desnuda y haces el amor con la luz encendida. La seguridad de una mujer en la cama es el mejor afrodisíaco.

2. La puritana:

Esta mujer actúa como si no le gustara el sexo. Se abstiene de expresar su placer o pedir caricias a su pareja por temor a parecer muy experimentada en la cama y lucir mal. Tiene terror de que su pareja pueda pensar que ha tenido muchos amantes. Lo que la puritana no sabe es que un hombre desea que una mujer se atreva a expresar el placer que siente y durante el acto sexual gima y suspire con sensualidad: "¡Así me gusta! ¡Qué rico!"

Pregúntale a cualquier caballero y te confesará: "Mientras más alce una mujer la voz en la cama, mejor." Ya lo dice el famoso refrán: "El hombre quiere una dama en la sala y una prostituta en la cama."

3. La descuidada:

He dicho en este libro más de una vez que los hombres se enamoran por los ojos y nosotras por los oídos. Ellos son visuales y disfrutan de una mujer que cuida de sí misma. Por eso a la hora de la intimidad, no es una buena idea ponerte el camisón de Mickey Mouse que te trajo tu hermana de Disney World.

Usar prendas sensuales es algo que los vuelve locos. ¿Sabías cuál es una de las cosas que más deleita la vista de un hombre? Una mujer que al quitarse la ropa, tenga puesto un sostén y calzón, cuyos colores combinan y armonizan. No importa si eres alta o baja, gorda o flaca, siempre podrás encontrar lencería que te quede bonita. Además, cuando te vistes con ropa íntima sensual, tú también te beneficias porque automáticamente te sientes más atractiva y *sexy*.

No estoy diciendo que salgas corriendo a una tienda y sobrecargues tu tarjeta de crédito para llenar los cajones con un conjunto sensual para cada día. Lo que recomiendo es que por lo menos tengas dos piezas con las que te sientas linda y coqueta. No importa cuántas veces le modeles la misma lencería, créeme que nunca se va a cansar de verla.

Aun cuando lleves muchos años de matrimonio con tu pareja, siempre debes preocuparte por lucir linda en la intimidad. Cuando no te arreglas y eres descuidada, el hombre lo interpreta como: "Ya no le importa lucir bien para mí." Si vistes ropa interior con rotos, gastada o fea, él no va a pensar que es tu favorita o la más cómoda, más bien interpretará que no te importa tu apariencia y puede verlo como una señal de alejamiento en el sexo.

Muestra tu lado coqueto; perfúmate, ponte una rica loción o aceite en el cuerpo y hazte una pedicura que le incite a besarte los pies. Algo más que debes tener en cuenta es que los tiempos han cambiado y lo que para nuestras mamás y abuelitas era inaudito, hoy es una regla de etiqueta en la cama. Me refiero a la depilación de tus partes íntimas. Algunas se afeitan sin dejar rastro de ningún pelito, otras dejan un poquito de césped bien cortadito. Lo que sí puedo asegurarte es que en estos tiempos cualquier hombre moderno se asusta si se encuentra allá abajo con "la selva del Amazonas".

4. La vegetariana:

Una de las actividades que más disfruta el hombre en la intimidad es el sexo oral. Por eso, le incomoda descubrir que su nueva pareja es vegetariana. Y no me refiero a quien come verduras y evita comerse una chuleta o un bistec. Más bien estoy hablando de la que no se quiere llevar el miembro de su pareja a la boca, en otras palabras la que dice: cero sexo oral.

A todo hombre le fascina este acto. El sexo oral se ha practicado por miles de años. La razón por la cual los hombres disfrutan tanto el sexo oral es porque este acto representa una profunda admiración de la mujer hacia ellos. Disculpa que sea explícita, pero te digo que el pene es la representación más cercana de su hombría. Consciente o inconscientemente, sus genitales son los que le hacen sentirse hombre. Cuando una mujer rechaza esa parte de él, siente como si su mujer no estuviera completamente atraída por él. O quizás que no lo ama.

No estoy diciendo que sea imperativo hacer sexo oral con tu pareja, pues después de todo es una decisión muy personal de cada mujer. Sólo quiero que estés consciente de que si verdaderamente lo quieres complacer en la cama, esto es muy importante para él.

5. La muñeca inflable:

Esta es la mujer que no se mueve a menos que la muevan. Ella espera que se lo hagan todo. Tiene la misma iniciativa que una muñeca inflable en la cama. En el caso de estas damas, para que suceda algo siempre tiene que ser el hombre quien actúe.

Al igual que nosotras, ellos también quieren sentirse deseados, les enloquece que los busques y seas tú quien inicie la intimidad. Así que de vez en cuando conviértete en una tigresa. Lee, edúcate con artículos de sexualidad o consulta con tus íntimas amigas sobre nuevas posiciones, películas eróticas o juegos con los que puedas sorprenderlo. ¡Con tu pareja no hay pudor que valga!

6. La cotorra:

Al momento de hacer el amor, a un hombre no le interesa escuchar absolutamente nada que no tenga que ver con el acto sexual que está disfrutando. Hay mujeres que no se callan la boca durante la intimidad, y no estoy hablando de las que se expresan eróticamente, me refiero a las que hablan de todo menos de sexo. Si quieres realmente matar la pasión de un momento erótico, abre la boca y di algo como: "Me acabo de acordar que tengo cita en el dentista mañana", "Hoy el niño se portó mal en la escuela", "Recuérdame comprar vino para la fiesta de mañana" o "Vi un cuadro que se vería espectacular en la sala". Cualquier tema que no esté relacionado con lo que está sucediendo bajo las sábanas, ¡queda prohibido! Lo único que tu hombre quiere escuchar en la intimidad es que él es el mejor amante que has tenido. No hay nada que lo encienda más que en plena intimidad le digas: "Ningún hombre me ha hecho vibrar de esta forma" o "Nadie me ha hecho el amor como tú". Él desea escuchar palabras como esas todo el tiempo.

Ahora que conoces las reglas para jugar bajo las sábanas, jamás olvides que hacer el amor es la experiencia más profunda que dos seres humanos pueden compartir, ya que además de unirse físicamente, también se unen en alma y corazón. Por eso, sólo comparte tu cuerpo con quien te valore y te merezca.

Ejercicio:

A continuación te muestro una prueba que puedes utilizar para evaluar si tu pretendiente merece que te vayas a la cama con él. En una escala del 1 al 5 califica cómo te sientes en cada uno de los siguientes aspectos.

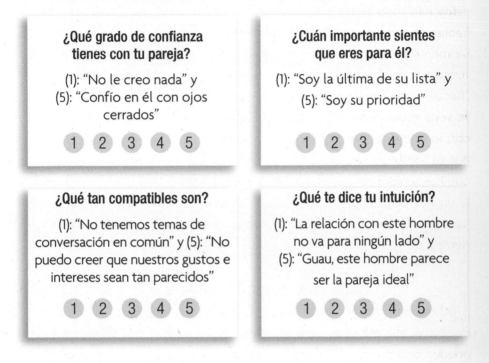

¿Qué grado de confianza tienes con tu pareja?

(1): "No le creo nada" y (5): "Confío en él con ojos cerrados"

1   2   3   4   5

¿Cuán importante sientes que eres para él?

(1): "Soy la última de su lista" y (5): "Soy su prioridad"

1   2   3   4   5

¿Qué tan compatibles son?

(1): "No tenemos temas de conversación en común" y (5): "No puedo creer que nuestros gustos e intereses sean tan parecidos"

1   2   3   4   5

¿Qué te dice tu intuición?

(1): "La relación con este hombre no va para ningún lado" y (5): "Guau, este hombre parece ser la pareja ideal"

1   2   3   4   5

Si en alguno de los asuntos anteriores diste una calificación de 1, 2 o 3 debes reconocer que hay un enorme riesgo de que acabes desilusionada.

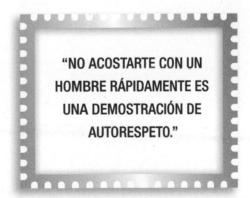

"NO ACOSTARTE CON UN HOMBRE RÁPIDAMENTE ES UNA DEMOSTRACIÓN DE AUTORESPETO."

ERROR N° 5:
No entiendes lo que él necesita

¿Quién comprende a los hombres?

- Cuando te vas rápido a la cama, se desilusionan. Pero si te tomas tu tiempo, dicen que actúas como una niña.

- Cuando no eres atractiva ninguno te mira, pero si eres hermosa y además inteligente se sienten intimidados.

- Cuando te comportas de forma bien cariñosa eres empalagosa. Pero si eres poco afectiva te consideran una mujer distante y fría.

- Cuando luces sencilla eres una abandonada. Pero si te arreglas todo el tiempo es para lucirle a otros.

- Cuando eres ama de casa te critican por no usar tus talentos y cuando trabajas fuera del hogar te critican por no cuidar la casa.

- Cuando te involucras con un hombre humilde y sin dinero, estás enamorada. Pero si conquistas a un millonario, eres una interesada.

- Cuando te ponen los cuernos y lo perdonas eres una tonta. Pero si lo mandas al infierno es porque no te importa.

- Cuando son infieles es a consecuencia de tu descuido. Pero si la infiel eres tú, eres una mujerzuela.

- Cuando te metes con un hombre mayor es sólo por su dinero. Y si te relacionas con un joven eres una mujer puma.

- Cuando no los atiendes, eres una mala esposa. Y cuando te desvives por ellos, te abandonan y se van con otra.

No es un secreto que en pleno siglo XXI las mujeres y los hombres todavía no hemos logrado entendernos. Y no es por falta de información, pues se han hecho investigaciones científicas, se han escrito millones de libros y artículos, se han producido innumerables programas de radio y televisión sobre este tema y las oficinas de los terapeutas de parejas están abarrotadas de personas en busca de una fórmula mágica que logre el entendimiento entre ambos.

Sin duda, para los científicos sería mucho más fácil inventar una cápsula que no permita que engordes aunque te comas tres pintas de helado, diez barras de chocolate y ocho pedazos de pizza diarios, que ingeniar una píldora que programe el cerebro para entender al sexo opuesto.

¿Y por qué somos tan diferentes? Ellos se mueren por ver los juegos de fútbol y nosotras por los concursos de belleza. A ellos les fascinan las películas de acción y a nosotras las románticas. A ellos les gusta tomar cervezas con sus amigos y a nosotras ir de compras con las amigas. A ellos les emociona reparar su auto y a nosotras preparar una rica receta de flan. A ellos los relaja guardar silencio y a nosotras hablar como cotorras.

Es obvio que nuestros intereses, actitudes y la manera en la que vemos las cosas son completamente diferentes. Por ejemplo: entrégale dos Barbies a una niña y seguramente las peinará, vestirá y finalmente las acostará a dormir después de darles un besito de buenas noches. Sin embargo, regálale dos muñecos a un varoncito y los pondrá a pelear o los usará como proyectiles.

Somos diferentes física, emocional y sicológicamente. Por eso, aun cuando hablamos el mismo idioma, muchas veces no podemos entendernos.

Lo único que tenemos en común, tanto hombres como mujeres, son nuestras necesidades básicas; para ambos sexos es vital el oxígeno, el agua y la comida. Estos tres recursos satisfacen las necesidades fisiológicas que todos tenemos y sin ellos no podemos vivir.

Sin embargo, cuando se trata del plano emocional y de pareja, lo que un hombre necesita es completamente diferente a lo que una mujer requiere para sentirse satisfecha. Ellas tienen una lista kilométrica de requisitos, expectativas y exigencias. Me atrevo a decir que en la mayoría de los casos, esa lista es más larga que el pedido de regalos que recibe Papá Noel en el Polo Norte.

Nosotras necesitamos afecto, ternura, mimos, comprensión, comunicación, detalles, lealtad, estabilidad económica, recibir expresiones verbales de amor, sentirnos protegidas, cuidadas, valoradas, escuchadas, apoyadas y sobre todo, amadas.

Por el contrario, a diferencia de nosotras los hombres no son tan exigentes y son mucho menos complicados. Cuando ellos están en una relación amorosa, tienen únicamente cinco necesidades básicas, las cuales son desconocidas para muchas mujeres. Y por eso, no hay un entendimiento en el amor.

Lo que ellos necesitan:

1. Una mujer atractiva:

Aquí no estoy hablando de una mujer con cabellera sedosa, piel de porcelana, labios carnosos, piernas de pasarela y cuerpo de guitarra. Más bien me refiero a una mujer que independientemente de su edad, libras de más o imperfección física, sabe cómo arreglarse para lucir atractiva. Los hombres son seres extremadamente visuales y por eso es imprescindible que una mujer luzca bien ante sus ojos.

Suelen sentirse atraídos inicialmente por lo que ven, antes que por lo que sienten. Por esta razón se les saltan los ojos con cualquier mujer atractiva que les pasa por el lado. El hombre es tan visual que con sólo ver la piel de una mujer se puede excitar. Nosotras, por el contrario, somos auditivas y la forma más eficaz de seducirnos es a través del oído. Es más fácil conquistar a una mujer con palabras dulces que con un diamante azul. El órgano que verdaderamente estimula a una mujer es el tímpano. Por eso, hombres gordos, calvos, chaparros o poco atractivos, pero con mucha palabrería y personalidad, pueden lograr conquistar el corazón de cualquier mujer, incluyendo la más bella.

Recuerdo que en una ocasión mi estilista quería emparejarme con su sobrino favorito y me dijo: "Es un muchacho divino. Tienes que conocerlo." Como me dio tantas buenas referencias, decidí ir a una fiesta familiar donde me lo presentarían.

Tan pronto lo conocí me llevé una gran sorpresa: era un hombre superinteligente y superchistoso, pero también era superfeo. ¡Y no exagero! Tenía nariz de tucán y sus cejas eran más espesas que la selva amazónica, cualquiera habría pensado que era pariente de Frida Kahlo.

Aunque no me gustó, presté atención a su interesante conversación y hasta bailé merengue con él. Tras la última pieza, un amigo suyo se nos acercó y dijo entre risas: "Ay, qué linda pareja: la Bella y la Bestia."

Cuando me fui a despedir me tomó de la mano, se acercó y me susurró al oído: "Hace exactamente tres horas, 14 minutos y 38 segundos que me presentaron a la mujer más bella y encantadora que he conocido en mi vida." Cuando escuché esas palabras románticas y originales, inesperadamente el feo de la fiesta logró erizarme la piel y despertar tal interés que me di la oportunidad de conocerlo y hasta tuvimos una corta relación. Aunque físicamente este hombre no me atrajo, sus palabras crearon tal impacto en mí que quise conocerlo más a fondo.

Pero si yo hubiera sido la fea de la fiesta, la historia hubiera sido completamente diferente. Un hombre no le presta atención a las palabras de una fémina a menos que antes le haya atraído su apariencia.

Y es que la búsqueda del amor para ellos es como la búsqueda de una casa. Digamos que un agente de bienes raíces le muestra a un comprador la foto de una propiedad y le dice:

—Esta casa es una gran compra.

—¿Estás bromeando? Esta casa se ve feísima y abandonada.

—Pero está situada en un excelente vecindario, cerca de la autopista principal y tiene vista a la bahía.

—No me interesa, para mí es importante que mi casa tenga una buena fachada.

—Debes verla por dentro, tiene pisos de mármol, los baños y la cocina han sido remodelados recientemente. La entrada es espectacular y tiene una piscina con cascada, te aseguro que te va a gustar.

—No tengo tiempo de verla. Esta es una de las decisiones más importantes de mi vida y sólo voy a considerar aquellas opciones que valgan la pena explorar. No voy a perder mi tiempo en ir a ver algo que a primera vista no me gustó.

Si este comprador se hubiese tomado la molestia de ir a ver la propiedad, se hubiera enamorado de todas las amenidades que tenía en su interior y seguramente la hubiera comprado. Pero lamentablemente la fachada exterior le impidió conocer todo lo que la casa le podía ofrecer.

Los hombres actúan de la misma manera a la hora de buscar su alma gemela. Tal vez seas la mujer que más feliz puede hacer a una pareja: eres encantadora, noble, dulce, inteligente, cariñosa, simpática, la mejor amante y hasta buena cocinera, pero si a él no le gusta lo que ve por fuera no le interesará saber lo que tienes por dentro.

Por supuesto que esto no significa que tienes que parecer una Barbie, una modelo o una Miss Universo para que un hombre se fije en ti. Significa que tu apariencia exterior debe estar en las mejores condiciones posibles.

En otras palabras, que tu vestuario, maquillaje, accesorios, perfume y la manera en que cuidas de tu cabello, tu piel y tus uñas muestren que eres una mujer que se preocupa por verse bien. A los hombres les deleita la vista una chica que enseña con orgullo su feminidad.

Para un hombre es muy importante la apariencia de su pareja, pues representa quién es él. La mujer es un reflejo de su hombría y poder. El hombre siente que cuanto más guapa y atractiva sea su compañera, más respeto y más admiración recibirá de otros. Por esta razón, para él es indispensable que su mujer tenga porte y presencia.

Cuando un hombre ve a una mujer desarreglada, con uñas descascarilladas, sin maquillaje, el cabello sin arreglar o mal vestida, en vez de pensar: "es una chica sencilla a quien le gusta estar cómoda", lo que piensa es: "a esta chica no le gusta arreglarse y no me hará lucir bien cuando esté a mi lado".

Hice una encuesta entre 52 hombres a quienes les pregunté: ¿Qué es para ti una mujer fea? Para mi sorpresa, ninguno dijo: "una gorda", "una mujer plana", "una narizona" o "una de dientes chuecos". La gran mayoría aseguró que una mujer pedante o una mujer desarreglada eran los dos factores que más le roban la belleza a una dama.

La buena noticia es que toda mujer tiene la oportunidad de verse guapa. Si pones de tu parte y te esmeras en arreglarte, puedes lucir súper atractiva. Bien lo dice el dicho: "No hay mujeres feas, sino mal arregladas."

2. Sentir admiración

La clave para enamorar a los hombres es la admiración. El deseo más grande en el corazón de un caballero es sentirse admirado y respetado por su mujer. Me atrevo a decir que este es uno de los secretos mejor guardados sobre la conquista de un hombre.

Para ellos, la admiración es como el abono para una planta: la nutre con todas las vitaminas y alimentos necesarios para hacerla crecer fuerte, saludable y frondosa. Si eres de capaz de alimentar a un hombre con este abono ten por seguro que tu relación estará bien cimentada.

Y cuando hablo de admirar, no me refiero a sólo adular sus logros —como ser empleado del mes o cerrar una venta— sino también reconocerlo con las cosas más sencillas del día a día. Existen mil maneras de hacerlo, puedes halagarlo con algo tan simple como: "Qué linda te queda esa camisa azul", "Que sándwich tan sabroso hiciste, parece preparado por un chef", "Me fascina cómo hueles", o algo más profundo como: "Eres increíblemente inteligente", "Contigo me siento protegida", "Eres el mejor amante, nadie me ha hecho el amor como tú".

Tu hombre desea que admires todo acerca de él, desde sus músculos y sus gustos hasta la habilidad de practicar un deporte. Necesita sentir que no hay nadie como él ante tus ojos. Y ni por un segundo pienses que se va a cansar de escuchar cuán maravilloso es.

Cabe aclarar que admirar a tu pareja no significa idolatrarla, venerarla como si fuera un santo, ni sentirte inferior a ella. Y tampoco pienses que halagarlo es un arma para controlar su voluntad. Un ejemplo de esto sería decirle a tu pareja lo emprendedor que es con la intención de pedirle dinero para tu nuevo negocio. Eso es manipulación, no admiración. La verdadera admiración nace de la sinceridad.

De la misma manera que los halagos engrandecen a un hombre, la crítica puede destruirlo. Por más seguro y exitoso que sea en su carrera, él siempre necesita de tu aprobación. La crítica de una mujer puede herir a un hombre permanentemente, por eso ten cuidado antes de decirle que está haciendo algo mal.

Aunque suene exagerado, la realidad es que para un hombre, una crítica destructiva tiene más consecuencias que 100 halagos juntos.

Tampoco estoy diciendo que jamás critiques a un hombre. Si no te gusta algún comportamiento, si comete un error o si te hace sentir mal, por supuesto que hay que comunicárselo de una forma provechosa. Existen dos tipos de críticas, la constructiva y la destructiva. La constructiva tiene dos pasos. En el primero se señala el asunto que se juzga y en el segundo se ofrecen soluciones para resolverlo. Cuando se hace de esta forma, el criticado recibe un mensaje de respeto y luego un mensaje de ánimo. Por ejemplo, "El color de esa camisa no te queda bien. ¿Qué tal si te pones mejor esta camisa negra que te queda tan bonita?" Por otro lado, la crítica destructiva sólo señala los defectos sin ofrecer una solución. Por ejemplo, "Esa camisa está espantosa, no tienes gusto para vestir".

Si vas a criticar a un hombre hazlo constructivamente, para ello sigue estos pasos:

1. *Pide permiso antes de hacerlo: "¿Me permites que te haga una crítica constructiva?"*

2. *Ofrece soluciones para el cambio de comportamiento, y comprométete a colaborar para solucionar la situación.*

3. *No repitas como un disco rayado. Una crítica insistente lo alejará.*

4. *Reserva la crítica para el momento y lugar adecuado. No se te ocurra hacerlo frente a otros aunque sean personas de confianza.*

La crítica destructiva, sin duda, es el peor enemigo en una relación. Puedes considerarte la mujer perfecta, pero si criticas continuamente a tu pareja se alejará de ti poco a poco. Muchos terapeutas matrimoniales aseguran que en la mayoría de los casos las parejas que acuden a ellos tras una infidelidad, coinciden en que el hombre no se sentía admirado por su esposa. Esto no lo justifica, pero muestra lo trascendental que es para ellos la admiración.

Los hombres necesitan sentirse importantes y respetados. Cuando piensas que tu hombre es maravilloso y se lo comunicas, estás satisfaciendo una de sus necesidades básicas para enamorarlo.

3. Relaciones sexuales

Estoy segura que, al igual que yo, muchas mujeres se han hecho la siguiente pregunta: ¿Por qué los hombres necesitan tanto el sexo? Cabe aclarar que no estoy insinuando que nosotras no lo deseamos, pero todavía no he conocido a una dama a quien no le gustaría que su marido fuera más romántico y menos sexual, y tampoco he conocido a un caballero que no desee que su mujer sea más erótica y menos sentimental.

El hombre tiene un deseo sexual mucho mayor que el de la mujer. Esto se debe a que ellos tienen un mayor nivel de testosterona. Hay que contar con que ellos necesitan el sexo de la misma manera que necesitan comer o ir al baño. Cuanto más tiempo pasen sin alimentarse o evacuar, más deseos tendrá de satisfacer estas necesidades. Su hambre por tener relaciones íntimas es igual y piensan continuamente en cómo saciarla. En otras palabras, el sexo para ellos es como una necesidad fisiológica. Por cierto, si le preguntas a cualquier hombre: "¿De las cinco necesidades básicas (mencionadas en esta sección), cuál es la más importante para ti?", sin duda y sin pensarlo responderá: "¡Sexo!".

Y te advierto que su deseo principal al hacer el amor no es conectarse emocionalmente con su pareja, sino saciar su ardiente deseo de eyacular. Cuando un hombre está teniendo sexo, no está pensando: "Amo a esta mujer y me muero por ella", más bien piensa: "Quiero hacer un buen trabajo y mostrar que soy el mejor amante". De acuerdo a su desempeño en la intimidad, será su nivel de satisfacción. Lo más importante para él es demostrar su hombría bajo las sábanas.

El deseo sexual de los hombres es mayormente físico. Sé que esto suena insensible, pero cuando entiendes y aceptas que los hombres tienen una forma de amar diferente a la de las mujeres, entonces puedes disfrutar su manera de demostrar amor.

El hombre primero necesita el acto sexual para poder sentirse conectado emocionalmente con su pareja, mientras que la mujer necesita conectarse emocionalmente primero para poder tener sexo con su hombre. Es decir, el hombre se enamora por medio del sexo, mientras que la mujer lo hace mediante las emociones.

El sexo para los caballeros es como la comunicación verbal para las mujeres. El acto sexual es tan importante para ellos como para nosotras lo es comunicar nuestros sentimientos.

El tormento que sentimos cuando nuestra pareja deja de hablarnos y nos ignora, se compara con la angustia que ellos experimentan cuando le negamos la intimidad. Cada vez que un hombre desea hacer el amor y le dices: "Me duele la cabeza", "Estoy cansada", "No me siento bien" o "No tengo ganas", le hieres su ego y afectas su autoestima. Cuando la vida sexual de un hombre deja de ser plena, se siente inseguro y mal consigo mismo.

El reconocido doctor William F. Harley, sicólogo y experto en relaciones matrimoniales, asegura que un hombre no puede sentirse sexualmente satisfecho en su matrimonio si su esposa no se siente complacida también. Harley explica que una mujer no le hace un favor a su pareja cuando se sacrifica y tiene sexo únicamente para complacerlo, pues él sólo se siente feliz cuando ambos disfrutan de la sexualidad.

Muchas mujeres se preocupan por limpiar la casa, preparar sabrosos platillos, cuidar de la familia, y mantenerse en forma, pero se les olvida complacer al hombre en su necesidad número uno: el sexo. En fin, a un hombre no lo enamoras con la cocina, tampoco con palabras dulces o detalles, y mucho menos con regalos, sino en la cama.

Complacer a tu pareja sexualmente es algo que hasta la Biblia reconoce como una necesidad mutua. "La mujer no tiene potestad sobre su propio cuerpo, sino el marido, ni tampoco tiene el marido potestad sobre su propio cuerpo, sino la mujer. No os neguéis el uno al otro..." 1 *Corintios* 7: 4-5

4. Divertirse con su pareja

¿Cuál es la razón principal por la que decides quién es tu mejor amiga? Sin duda, porque con esa persona tienes la libertad de hablar de todo y, más importante que nada, siempre que estás con ella pasas un buen rato. Ya sea tomando un café con esta amiga, yendo de compras o hablando por teléfono, las horas se pasan volando porque disfrutas mucho de su compañía.

A la hora de buscar una pareja, para ellos es vital encontrar a alguien con quien puedan divertirse, como lo haces tú con una amiga. Para el hombre, que una mujer muestre interés por las actividades que a él le gustan es como un afrodisíaco. Por eso, una de las necesidades básicas de los caballeros es tener una compañera con quien compartir actividades y gustos.

Cuando Rosa conoció a Lucas, la primera invitación que recibió de él fue ir a ver un juego de su equipo favorito de béisbol, los Yankees de Nueva York, contra los Medias Rojas de Boston. Sin pensarlo, Rosa aceptó con emoción: "¡Por supuesto, me encanta la idea!" Y así se encontraron en su primera cita.

Cuando Rosa va a este tipo de evento deportivo no le da importancia a quién gana o pierde el juego. A ella lo que le gusta de estos partidos es la diversión que hay en ellos, desde los perros calientes, el algodón de azúcar y las palomitas de maíz, hasta la ola humana, la algarabía de las porras para animar a los equipos y por supuesto cantar en la séptima entrada del juego el popular himno *Take me out to the ball game*.

El día del juego, aunque Rosa no entendía las reglas del béisbol, ni conocía los nombres de los jugadores, a Lucas le fascinó lo mucho que ella gozó esa tarde con él. En la segunda cita fueron al cine y aunque Rosa prefiere las comedias románticas, se decidieron por la película de acción que propuso Lucas. Cuando salieron del teatro, Rosa no dejaba de hablar sobre los efectos especiales del filme y a Lucas le agradó mucho que ella disfrutara del tipo de película que a él le interesaba.

Pasó el tiempo y la pareja siguió saliendo. Muchas de las actividades que compartían eran de las favoritas de Lucas, como pescar y montar en bicicleta. A Rosa le agradaba complacerlo, después de todo, este hombre le fascinaba. A los tres meses de conocerse, Lucas pensó: "Qué mucho tengo en común con esta mujer. Finalmente encontré la compañera perfecta para pasar el resto de mi vida."

Tras diez meses de haberse conocido contrajeron nupcias y al poco tiempo de haberse casado Rosa dejó de ir a los juegos de béisbol con su marido, ya no le interesaba la pesca y prefería ir a sus clases de yoga en vez de montar bicicleta con él.

La actitud de Rosa sorprendió a Lucas y poco a poco él concluyó que los intereses de ambos eran muy diferentes. Se dio cuenta de que a su esposa le apasionaban cosas que no tenían interés para él, como el yoga, la fotografía y los espectáculos de ballet. Al cabo de dos años, cada cual hacía sus actividades favoritas con sus respectivos amigos.

Lo que hizo Rosa no fue una patraña para atrapar a este hombre; detrás de sus acciones no había ninguna mala intención, sino la buena intención de agradar y complacer a su pareja. La mayoría de las mujeres actúan de la misma manera. Cuando conocen a un hombre que les gusta mucho están dispuestas a hacer lo que sea para estar en compañía del hombre. Es común ver a una mujer soltera involucrarse en actividades que jamás hubiera pensado hacer, como pescar, escalar montañas, ir al hipódromo, practicar tiro al blanco, bucear, lanzarse en paracaídas, surfear o acampar en un lugar remoto donde ni tan siquiera puede darse un baño.

Pero generalmente, después de que una mujer se casa, empieza a convencer a su marido de que haga las cosas que a ella le gustan, y si no puede lograrlo, entonces lo anima a que continúe haciendo sus cosas sin ella. Lamentablemente, esto es un peligro. En el caso de Rosa, poco antes de celebrar su segundo aniversario, Lucas se enredó en un romance con una mujer que conoció en un bar con sus amigos mientras miraban un partido de béisbol de los Yankees, del cual ella también era fanática.

La historia de esta mujer nos enseña dos cosas: número uno, mostrar interés por las actividades que le gustan a un hombre es una gran táctica para enamorarlo. Y número dos: no tener algún pasatiempo en común con tu pareja es peligroso. No divertirse juntos es tan dañino para una relación como dejar de regar una planta.

De las cinco necesidades básicas de un hombre, divertirse con su pareja es la segunda más importante después del sexo. Me atrevo a decir que este requisito es el que mantiene a una pareja unida para siempre.

Al principio de toda relación ambas personas están ansiosas por complacer a su cónyuge, pero lamentablemente con el pasar del tiempo, ese entusiasmo se marchita y se conforman con vivir vidas separadas bajo el mismo techo.

Hay parejas que cometen el error de pasar los ratos más divertidos y agradables con alguien que no es su compañero(a). Estoy hablando de los casos en que cada cual busca la manera de divertirse por su lado.

Por supuesto que puede ser un reto encontrar pasatiempos que a ambos les agraden pues en la mayoría de los casos a los hombres les gusta hacer cosas que conllevan aventura, riesgo y mucho sudor, mientras que las mujeres prefieren distracciones que son más pasivas, románticas, culturales o familiares. Sin embargo, siempre se pueden encontrar actividades placenteras para ambos. Hablaré de ellas más adelante.

Conclusión, cuando conozcas a alguien, trata de complacerlo y participar en sus diversiones favoritas (acumularás muchos puntos con esa persona), pero a la vez involúcralo desde el principio en las actividades que son placenteras para ti. De esta manera te conocerá desde el inicio, y no habrá sorpresas o engaños como ocurrió con Lucas y Rosa. Si resulta que no hay ninguna actividad que ambos disfruten, pueden buscar un nuevo pasatiempo que tal vez a ninguno se le haya ocurrido probar pero que sea interesante para ambos.

Cuando tengas una pareja, revisa los siguientes pasatiempos y haz un círculo alrededor de los que a ambos les gustaría explorar juntos.

Clases de zumba

Clases de actuación

Ir a carreras de autos

Ir a parques de diversiones

Coleccionar monedas o

antigüedades

Tiro al blanco

Jugar o asistir a un partido de béisbol, fútbol, baloncesto u otros

Montar bicicleta

Levantar pesas

Ir a la bolera

Ver boxeo o lucha libre

Ir de acampada

Jugar cartas

Alquilar canoas en el lago o la playa

Jugar ajedrez

Jugar videojuegos

Estudios de la Biblia o ir a la iglesia

Ir a conciertos

Ir a bailar

Clases de tango

Jugar monopolio, dominó y otros juegos de mesa

Clases de cocina

Aprender jardinería y diseño de paisajes

Jugar golf

Excursiones al aire libre

Degustaciones de vino

Clases de pintura

Montar a caballo

Ir de caza

Hacer trabajo voluntario

Esquiar

Patinar sobre hielo

Trotar

Clases de judo o karate

Clases de meditación

Ir a detectar metales	Karaoke
Armar rompecabezas	Ir de compras al mercado agrícola
Visitar museos	
Clases de fotografía	Jugar ping-pong
Ir a la ópera o al teatro	Volar en parapente o ala delta
Jugar billar	Nadar
Remodelar o decorar	Surfear
Patinar	Jugar tenis

Te aseguro que luego de revisar esta lista, te sorprenderás cuando descubras cuántas actividades pueden disfrutar juntos. En ninguna etapa de una relación amorosa cometas el error de olvidar lo importante que es tener intereses en común.

5. Un hogar perfecto

La fantasía número uno de la mayoría de los caballeros es tener sexo con dos mujeres a la vez. ¿Sabes, cuál es la número dos?: ¡Tener un hogar perfecto!

Después de un largo día de trabajo donde un hombre escucha los gritos del jefe, complace las exigencias de sus clientes, aguanta la presión de cumplir mil responsabilidades en la oficina y soporta un tráfico de casi dos horas para llegar a su hogar, lo que más desea en este mundo es entrar a una casa limpia, organizada y armoniosa.

En su mundo de fantasía, él quiere llegar a su hogar y encontrar un paraíso donde su esposa lo recibe perfumada, bien arreglada y con una dulce sonrisa. Después del saludo, tirar su maletín, quitarse los zapatos y caminar hacia la sala familiar, donde están sus hijos pequeños haciendo la tarea juiciosamente. Cuando los chiquillos ven llegar a su papá se levantan efusivamente, lo abrazan y se vuelven a sentar para acabar sus deberes escolares.

Luego se dirige a la cocina y destapa una olla para averiguar qué huele tan sabroso. Y en lo que el pollo guisado se acaba de cocinar, su esposa le dice: "Te voy a dar un masajito en los pies antes de comer."

Durante la cena, padres e hijos conversan con entusiasmo sobre lo que les sucedió durante el día. Y antes de que todos se levanten de la mesa, la mujer de la casa dice: "¡Sorpresa! Hice el pastel de chocolate y frambuesas que tanto les gusta."

Mientras la esposa recoge los platos, limpia la cocina, saca la basura y acuesta a los niños, el esposo se recuesta en el cómodo sofá a ver televisión. Después de que ella acaba con todas sus tareas, se pone una lencería roja muy sensual, va a la sala y se sienta a su lado mientras él termina de ver el juego de béisbol. Una vez acaba el partido, apagan el televisor y tomados de la mano, ambos caminan hacia la recámara para hacer el amor.

"Jajaja… esa escena sólo se ve en las novelas", así dirán muchas sobre lo que acabo de describir. Sé que es casi imposible cumplir con esta fantasía, pero te advierto que si un hombre no vive en un ambiente que de alguna forma se parezca a esa escena, se sentirá frustrado y sin deseos de llegar a su hogar.

Antes de descubrir que una de las necesidades básicas del hombre es vivir en "un hogar perfecto", yo pensaba que eso de tenerle la comida lista cuando llegara de trabajar, mantener la casa limpia y plancharle la ropa era una demanda machista o una tradición de nuestras abuelas. Sin embargo, luego de investigar a fondo sobre este tema, ahora entiendo que así como las mujeres necesitamos la comunicación y el afecto, para los hombres es crucial sentir que alguien cuida esmeradamente de ellos, de su hogar y de su familia.

No estoy diciéndoles a las mujeres que sean unas esclavas y que cumplan con tener un hogar perfecto a diario. Pero de vez en cuando el hombre necesita experimentar una probadita de su fantasía hogareña.

A menos que no trabajes y tengas sirvienta, niñera, tutora, jardinero, chofer y chef, cumplir con la fantasía hogareña de un hombre es casi tan difícil como escalar el Monte Everest por la parte norte. De las cinco necesidades del hombre que menciono en esta sección, realmente la más difícil de cumplir como mujer es la del "hogar perfecto", pues lucir atractiva, admirarlo constantemente, tener un sexo placentero y divertirte con él son rutinas que no requieren tanto esfuerzo o tiempo.

La necesidad del "hogar perfecto" para un hombre es también la única que no puedes proveerle hasta que estén casados o viviendo juntos. No obstante, durante el noviazgo puedes darle un adelanto de cómo podrías saciar esta necesidad. Esto lo puedes hacer demostrándole cómo es tu hogar de soltera. Es decir, si cada vez que te va a visitar tienes una torre de platos sucios en la cocina, no tienes nada de comer en la alacena, las mesas están forradas de polvo, tu dormitorio parece que ha pasado un huracán por él, el inodoro de tu baño tiene un mugroso aro amarillo y tu perrito apesta, déjame decirte que este hombre no te va a considerar para una relación seria.

Entonces, si eres desorganizada y descuidada, y estás buscando pareja, es hora de modificar ese comportamiento y demostrar que eres capaz de llevar un hogar en orden.

Cuando un hombre siente que puedes cubrir sus cinco necesidades básicas, ve en ti una relación con futuro. Te exhorto a que la próxima vez que estés entablando una relación amorosa, no te olvides de echarle un vistazo a esta sección. ¡Así tendrás las de ganar!

Lo que jamás le debes decir

Ahora que conoces las necesidades de un hombre estás más preparada que nunca para conquistarlo y tenerlo a tus pies. Hemos hablado de cómo comportarte y qué decir, pero no te he dicho lo que jamás debes dejar salir de tu boca. Un comentario inadecuado puede tirar por la borda todas las cualidades buenas que has demostrado.

En una ocasión me peleé con un novio porque le saqué los trapitos al sol frente a sus amigos. Aunque David era un hombre que me complacía, apoyaba, cuidaba y hasta llegaba con flores a menudo, constantemente me quejaba con él porque no demostraba sus sentimientos con palabras. A tal punto que después de un año de relación aún no me había dicho "te quiero" y mucho menos "te amo". Únicamente al final de los mensajes de texto escribía "TQM" (popular abreviación para decir "te quiero mucho").

Un día nos reunimos a cenar con su mejor amigo Marcelo y su esposa Alicia, una pareja admirable con más de 15 años de casados. Cada vez que nos veíamos Marcelo siempre tenía algo hermoso que decir de su pareja: "Desde que la vi por primera vez sabía que iba a ser la mujer de mi vida, Alicia es lo mejor que me ha pasado. ¡La adoro!"

Entre chistes, margaritas y los halagos de Marcelo hacia su esposa, todo iba de maravilla en la cena, hasta que se me ocurrió decir jocosamente: "Marcelo, enséñale a David a ser romántico como tú." A lo que Marcelo rápidamente respondió: "María, cómo vas a decir eso si mi amigo David se muere por ti. Este hombre te quiere de aquí a la luna."

Cuando escuché eso por poco me atraganto con la flauta de pollo que me estaba comiendo. Y con la boca casi llena le contesté en tono elevado: "Pues si me quiere tanto, ¿por qué no me lo ha dicho nunca?"

Marcelo y Alicia se quedaron con la boca abierta tras mi comentario. Ninguno podía creer que su amigo jamás me había dicho algo tan básico en una pareja de enamorados.

Luego de mi revelación sobre el extraño comportamiento de David hubo un silencio sepulcral en la mesa y si las miradas mataran, al día siguiente yo hubiera aparecido en las noticias bajo el titular: "Motivadora es apuñalada por la mirada de su novio."

De más está decir que el enojo de David fue tal que no me dirigió la palabra el resto de la noche. Nunca pensé que mi confesión cargada de frustración lo fuera a enojar de esa manera pues estábamos compartiendo con amigos de mucha confianza.

Después de ese altercado, la relación fue cuesta abajo. Él sabía desde hacía tiempo que yo necesitaba más en la relación, pero este episodio en el restaurante le confirmó lo insatisfecha que yo me sentía a su lado.

Hoy día, me alegro de que ocurriera este incidente porque aprendí dos cosas. La primera es que no debo pedirle una y otra vez a una pareja lo que me ha demostrado ser incapaz de dar. Y segundo, que jamás debo hablar negativamente de un hombre delante de nadie, así sea su familia o sus amigos íntimos.

Precisamente, no hablar negativamente de tu pareja frente a otros, encabeza la siguiente lista de los cinco comentarios que debes evitar a toda costa si no quieres incomodarlo, enojarlo y hasta perderlo.

Cuando te incomode algo, háblalo en privado

El ego de los hombres es muy frágil y cualquier crítica, por más insignificante que sea, le va a molestar o lo va a herir, especialmente si es en público. Por eso, si vas a señalar uno de sus defectos o cualquier mal comportamiento, asegúrate de no hacerlo delante de nadie. Desde algo tan simple como decirle que tiene la camisa arrugada, que cierre la boca cuando come o que no tiene ritmo para bailar, hasta algo tan serio como comentar que no soportas algún miembro de su familia, que tiene sobrepeso o peor aún, ¡que sufre de eyaculación precoz! En fin, evita decir cualquier comentario que tan siquiera insinúe que él no es el hombre ideal.

No halagues a otro frente a él

Tu hombre quiere ser lo máximo para ti y necesita sentir que no hay nadie como él ante tus ojos. Su obsesión por querer ser el héroe en tu vida llega al extremo de molestarle cualquier comentario que pueda insinuar que hay otro hombre más guapo, más inteligente, más exitoso o más talentoso que él. Por esta razón, a la mayoría de los hombres les molesta si estás viendo televisión y sale un comercial con un supermodelo, y bromeando dices: "Qué bello ese hombre, está como me lo recetó el médico." Aunque tu comentario sea un chiste a él no le va a hacer ni una gota de gracia, pues en su mente él escuchó: "No te respeto, así que no me importa hablar de otros hombres frente a ti." Además entre líneas también oyó: "No estoy tan enamorada de ti, así que fácilmente me puedo ir con otro." Asimismo, si haces comentarios sobre otros hombres guapos frente a él, no te quejes cuando vayan a cenar y te diga: "Qué buena está la mesera."

Tampoco se te ocurra halagar al novio o al esposo de una amiga en público. Cuando dices frente a otros: "Luis, el marido de mi amiga Marcia, es una maravilla. Le ayuda con todo y es superdetallista", en ese momento tu pareja lo que escucha es: "Mi hombre es un bueno para nada".

Recuerda que al igual que nosotras, para ellos la fidelidad es crucial. Los hombres necesitan sentirse seguros de su pareja, y comentarios sobre celebridades y hombres que ves por la calle pueden enviarle una señal de futura infidelidad.

Ten en cuenta que tampoco es aceptable compararlo con alguien en medio de un desacuerdo o pelea, y decir comentarios como: "Estás actuando tan celoso como mi ex" o "Eres tan poco expresivo como mi último novio". Recuerda que un hombre odia escuchar cualquier expresión o comentario que insinúe que él es peor que alguien. Por eso, ten mucho cuidado con lo que dices de otros hombres.

No hables con indirectas

Una vez un amigo sicólogo me dijo: "Genéticamente, los hombres no están capacitados para entender indirectas." Los caballeros tienen una manera de comunicarse muy diferente a la nuestra. Cuando ellos quieren algo lo piden sin rodeos y van directo al grano, mientras que nosotras insinuamos lo que queremos, pero no lo pedimos directamente.

Una de las frustraciones más grandes de los hombres es cuando pretendemos que nos lean la mente. Entre las muchas veces que no fui directa con una pareja recuerdo una vez que estaba viajando con mi exesposo.

Se trataba de un viaje de cuatro horas en auto desde Los Ángeles, California, hasta Las Vegas, Nevada. La mayor parte del trayecto es una carretera desértica en la que sólo se ven cactus y montañas de arena. Aquella mañana salimos bien temprano después de tomar un desayuno liviano: café y pan tostado. Habían pasado más de dos horas de nuestra partida cuando comencé a ver letreros de restaurantes y gasolineras que indicaban la cercanía de un pueblito:

—Bill, ¿se te antoja un cafecito? —pregunté un poco hambrienta, mientras acariciaba la parte de atrás de su cuello.

—No, gracias, mi Mari linda. Todavía me está haciendo efecto la cafeína de esta mañana —respondió con una sonrisa muy agradecido por mi ofrecimiento.

—Guau, no imaginé que mi restaurante favorito de hamburguesas estuviera en medio del desierto. Hace tiempo que no voy a uno. Cómo extraño sus papitas fritas —exclamé mientras se me hacía la boca agua.

—Mi Mari, ¿en qué mundo vives? Esta cadena de restaurantes de hamburguesas los encuentras hasta en la luna.

—¿Y no se te antoja una de esas hamburguesas con doble carne y doble queso?

—Ganas no me faltan, pero acuérdate que comencé la dieta el lunes.

Después de pasar el pueblito recorrimos en silencio alrededor de 50 millas más.

—Mi Mari, ¿estás bien? Hace rato no hablas.

—Sí, todo está de maravilla —respondí en tono irónico y con "la trompa parada".

—¿Qué te pasa? —preguntó confundido.

—¡No hemos parado!

—¿Parar? —cuestionó mientras trataba de recordar cuándo le había pedido yo que se detuviera.

—Eres muy desconsiderado.

—¿De qué hablas?

—¿Cuántas veces te tengo que hablar de comida para que te des cuenta de que tengo hambre?

—Si tienes hambre, dímelo. ¿Acaso piensas que te puedo leer la mente?

Bill tenía toda la razón. Si tenía deseos de comer, por qué no se lo dije directamente. Porque hablar de forma indirecta, que no es otra cosa que ocultar el verdadero propósito e irse por la tangente, es una especialidad femenina. Lo hacemos porque no queremos ser percibidas como exigentes y "más que pide". Además, no queremos incomodar al otro haciendo algo que no estaba en los planes.

Hablar de forma indirecta favorece la relación entre las mujeres, pero no funciona con los hombres. Si quieres que tu pareja te lleve a la playa durante el fin de semana no hagas insinuaciones como: "Estoy tan pálida, hace tiempo no me bronceo." Sé directa y di: "Hagamos planes para ir el sábado a la playa." Si deseas que te lleve de vacaciones a Nueva York en diciembre no mandes indirectas como: "Tan hermosa que es la Navidad en la Gran Manzana. Me encanta ver las decoraciones en la Quinta Avenida." Ve al punto y pide: "Quiero que pasemos la Navidad en Nueva York." O si quieres que le eche gasolina a tu auto no digas: "El tanque de mi carro está vacío." Ve al grano y sin titubeos: "Por favor, échale gasolina a mi auto."

Un hombre no se ofende o se molesta con tus demandas. Todo lo contrario, respeta aún más a una mujer que no tiene miedo a pedir lo que quiere. Además, una de las cosas que más les gusta a ellos es complacernos ya que hace que se sientan como héroes. Por eso, deja los rodeos, las insinuaciones o las pistas, ¡sé directa!

No comentes tu experiencia sexual pasada

Lo que pasó bajo las sábanas en otras relaciones jamás lo debes comentar con tu pareja actual. A un hombre no le interesa saber en lo más mínimo tu pasado sexual. Este tema es algo que le incomoda y le hace sentir inferior. Jamás se te ocurra decir algo como: "Mi exnovio fulano era muy bueno en la cama y me complacía en todo, pero lamentablemente lo tuve que dejar porque descubrí que tenía antecedentes criminales." Aunque le digas que acabaste con tu ex porque era un ratero, pandillero o asesino, lo único que realmente escuchó fue lo bueno que tu novio anterior era en la cama. Comentarios como éste destruyen su ego, pues él no quiere pensar que existe otro individuo con quien hayas disfrutado sexualmente más que con él.

A diferencia de ellos, nosotras somos unas curiosas, entrometidas, imprudentes, indiscretas y metiches. Queremos saber todo sobre su pasado sexual: cuántas novias tuvo, por qué no funcionó la relación, cuál fue la mejor en la cama, si se ha metido con una prostituta, si ha tenido sexo con dos mujeres a la vez, si ha llevado a cabo sus fantasías eróticas y hasta a qué edad perdió su virginidad. Aunque obtener toda esta jugosa información sacia tu curiosidad, no aporta ningún beneficio a tu relación actual, más bien puede afectarte porque te crea inseguridades; y precisamente por esta misma razón, ellos no quieren escuchar detalles de tus placeres sexuales en el pasado.

Tampoco quiero que pienses que no debes o puedes hacer ningún comentario o pregunta relacionada con su vida sexual anterior. Digamos, por ejemplo, que estás en un ascensor con tu novio, subiendo al piso número 69 y de repente él lleva sus manos a tu escote y comienza a acariciarte

> Queda prohibido mencionar cualquier persona o situación que le haga pensar a tu pareja que hay otro mejor que él en la cama.

sensualmente. Ambos se excitan y en ese momento le preguntas: "¿Alguna vez has hecho el amor en un ascensor?" Esta pregunta tiene que ver con su pasado pero no es indiscreta debido a la situación. De igual manera, si él te hace la misma pregunta erótica, tu respuesta puede ser que sí, pero no tienes que dar detalles de cuándo y con quién lo hiciste.

Prohibido revelar una infidelidad del pasado

Jamás se te ocurra contarle a tu pretendiente, novio o marido de tus andanzas y desliz es románticos del pasado. Si te pasabas de club en club besando a cuanto chico bailaba contigo, él no se tiene que enterar. Pero sobre todo, nunca, nunca, nunca le confieses que fuiste infiel en una relación anterior. Esto es un error garrafal. Aun si te preguntan, no tienes que revelar tus secretos. Olvídate de la sinceridad o de querer crear un ambiente de confianza con tu enamorado. La confesión de una infidelidad pasada puede ser letal para el resto de tu relación.

A tu pareja se le podrán olvidar muchas cosas, pero no el hecho de que fuiste infiel. Esto lo tendrá presente siempre; la amenaza que rondará su cabeza constantemente es: "Si le fue infiel a otro, lo puede ser conmigo." No importa el motivo por el que cometiste la traición, ya sea por venganza o porque te descuidaron o te maltrataron, ante sus ojos, ninguna razón es válida para cometer un engaño.

Uno de los factores que más perjudica una relación es la desconfianza y las dudas. Una revelación de infidelidad, sólo le creará inseguridad. Mientras más santa piense que eres, más confiará en ti.

Habla su idioma

Imagina que saliste a comer arroz frito con pollo agridulce a un restaurante chino cercano a tu casa y mientras ordenas tu comida, te sonríe un simpático chino que está de visita en tu ciudad. Se te acerca y te hace señas simpáticas, invitándote a que te sientes a hablar con él. Y como este hombre te parece chistoso, te sientas a platicar. Pero descubres que este galán sólo habla mandarín y tú sólo español. Después de cinco minutos de muecas, gestos, señas, dibujos y hasta pantomimas, la frustración vence al interés mutuo porque no se pueden comunicar y simplemente se rinden. Con una barrera de lenguaje como esa, es imaginable que una relación no funcione entre ambos. Lo sorprendente es que diariamente veo parejas que aun viviendo en el mismo país y hablando la misma lengua no pueden entenderse.

Los conocimientos adquiridos en este capítulo te van ayudar a entender el idioma de los hombres. Lo que has aprendido hasta ahora sobre las necesidades y gustos de los hombres te ayudará a entenderlos mejor. Ahora que tienes un mejor entendimiento de qué hacer y no hacer, y de lo que debes decir y no decir, estás preparada para participar en el juego del amor desde una posición aventajada. Cuando conquistes a un hombre podrás mantenerlo locamente enamorado de ti.

> "LA ETERNA QUEJA DE LAS MUJERES Y LOS HOMBRES: ELLAS DICEN QUE NO LOS ENTIENDEN Y ELLOS QUE NO PUEDEN ENTENDERLAS."

ERROR Nº 6:
Piensas que puedes cambiarlo

Cada vez que conocemos a un pretendiente que nos gusta de verdad, pensamos ilusionadas: "¡Encontré al hombre de mi vida!" Llegar a esta conclusión no toma días ni meses, en la mayoría de los casos nos pasa por la mente después de los primeros cinco minutos de conversación. Y para cuando llevamos media hora de plática empezamos a maquinar nuestro futuro con esa persona: "Ya me imagino viviendo juntos", "¿Querrá tener hijos?", "A mi mamá le va a caer bien", "Se va a llevar de maravilla con mis amigas". Entonces, al finalizar la cita, cuando llegas a tu casa, tomas lápiz y papel y escribes tu nombre con su apellido para ver qué tal suena tu futuro nombre de casada.

Este escenario suena ridículo, pero seamos sinceras, todas en algún momento hemos sido así de tontas. Y es que estamos tan desesperadas por encontrar al príncipe azul que aun cuando le vemos comportamiento de sapo, nos hacemos las ciegas y creemos que podemos cambiar aquello que nos disgusta. Por ejemplo; conoces a un chico que tiene muchas cualidades que te gustan; es simpático, encantador y hasta huele rico, pero salen a cenar y te das cuenta de que el hombre apenas dejó propina. Luego te invita al cine, pero te advierte que hay que ir a la sesión de la mañana porque es más económico a esa hora. Y finalmente van juntos a un concierto y estaciona su auto lejísimo. Te hace andar en tacones por media hora y te dice muy convencido: "Caminar es muy buen ejercicio." Pero tú sabes bien que prefirió estacionarse lejos para no tener que pagar el servicio de estacionamiento a la entrada del evento.

Después de varias salidas, aunque no seas una terapeuta profesional, puedes diagnosticar fácilmente la condición crónica que sufre este individuo: ¡es un tacaño con fobia a gastar dinero!

En el momento en que confirmas que a este chico le duele meterse la mano en el bolsillo, tienes dos opciones. Número uno: aceptarlo y asumir que por el resto de tu vida lidiarás diariamente con un hombre que se angustia con cada centavo que gasta. Si eres alguien a quien tampoco le gusta gastar dinero, entonces pueden llevarse muy bien y celebrar una fiesta con agua y galletas saladas cada vez que se encuentren un centavo. Pero si eres como yo, que detestas la tacañería, indudablemente tienes que optar por la opción número dos: ¡No salir con él ni una vez más!

El error que cometen muchas es pensar que existe una tercera opción; convertirlo poco a poco en una persona espléndida y detallista. ¡Qué equivocadas están! Antes de que eso suceda, crece dinero en un árbol. Lo cierto es que no puedes cambiar a nadie. ¡La gente no cambia!

Hay quienes te dirán: "Para Dios nada es imposible, cualquiera puede cambiar." Mi respuesta a este comentario es: "Es cierto, la gente puede modificar su comportamiento o actitud temporera o indefinidamente, pero en el fondo siguen siendo los mismos." Ejemplo de ello es un alcohólico, que puede dejar su vicio y rehabilitarse, sin embargo aun cuando no vuelva a mirar una botella de alcohol, seguirá tentado a destaparla.

Por cierto, si vas a una reunión de Alcohólicos Anónimos, notarás que los participantes se presentan de la siguiente manera: "Mi nombre es Patricio y soy alcohólico. Llevo tres años sobrio." Aunque Patricio está limpio y ya no toma, siempre tendrá un gran deseo de beber, pero ahora puede evitar la tentación gracias a su fuerza de voluntad. En otras palabras, Patricio no se ha transformado completamente porque sigue teniendo debilidad por la bebida, pero ha modificado su comportamiento.

De la misma manera te sucede a ti. Digamos que te fascina el chocolate; te gusta en barras y bombones, lo disfrutas en helados, te encanta para cubrir fresas y almendras, lo saboreas en galletas y cereales, y si pudieras tener una fuente de chocolate en tu casa, serías la mujer más feliz del mundo. De hecho, mientras lees estas líneas, estoy segura de que te apetece derretir un chocolatito en tu boca.

Pero supón que un buen día te vuelves alérgica al cacao y el médico te dice que no puedes ni mirar el dulce que tanto amas. Desde ese momento lo evitas a toda costa. Aunque no lo vuelves a probar, cada vez que ves un chocolate, babeas y te mueres por saborearlo, pero debido a tu condición alérgica, te muerdes la lengua y te aguantas las ganas.

¿Te imaginas que existieran reuniones de "Chocolateros Anónimos"? Seguramente te presentarías: "Mi nombre es Fulana y soy adicta al chocolate. Llevo tres meses sin probar el vicio." Aunque tengas bajo control tu debilidad por el chocolate, te sigue gustando, te sigue tentando y lo sigues extrañando. Esto significa que en el fondo sigues siendo la misma devoradora de chocolates, sólo que ahora te aguantas.

Repito, de la misma forma que tú no cambias, la gente tampoco va a cambiar. Sin embargo, en el mundo de las relaciones amorosas la gran mayoría de las mujeres cree que pueden transformar a un hombre.

Piensa por un instante cuántas veces una amiga tuya conoce a un chico y te dice algo como: "Es un muchacho de buena familia y supercariñoso... pero no me gusta como lleva el pelo." Rápidamente y sin pensarlo dos veces le das tu consejo: "Ay, eso tú lo puedes cambiar. Le sacas una cita con el estilista y listo." También es común oír a una amiga hablar del potencial de su novio: "Es un poco irresponsable con su trabajo, pero creo que tiene vena de empresario. Si se lo propone podría establecer su propio negocio y hacerse rico." O qué tal la mujer que expresa: "Dicen que es un abusador, pero conmigo va a ser diferente." La locura más grande que puede cometer una mujer es enamorarse del potencial de su queridito. Se fascina y se ilusiona con lo que puede ser y no con lo que es.

Una mujer conoce a un hombre y aun cuando no cuenta con todas las cualidades ideales, ella se imagina que poco a poco lo puede convertir en su hombre perfecto. Es como si emprendiera un proyecto de renovación de su casa: compra cortinas modernas, pule los pisos y reemplaza el lavabo viejo y mohoso por uno de porcelana. Trata de hacer lo miso con él. Le compra ropa moderna, pule sus modales y lo lleva al odontólogo para reemplazar un diente amarillo y partido por uno de porcelana.

Es razonable motivar a alguien a que mejore ciertos comportamientos, especialmente si estas cosas le ayudan a verse mejor y expandir sus conocimientos culturales. Por ejemplo, no hay nada malo en sugerirle a tu pareja que escuche nuevos géneros de música, que pruebe nuevos sabores, que modernice su clóset o que conozca más de arte y literatura. Pero una cosa es sugerir y otra es imponer. Obligar a alguien a adoptar un nuevo estilo de vida es lo mismo que tratar de cambiarlo. Te repito como un disco rayado: ¡la gente no cambia! y menos cuando es por complacer a otros.

¿Qué quieres cambiarle?

Los comportamientos que deseamos cambiar de un hombre son innumerables. A continuación te muestro los más populares y también te enseño las expectativas irreales que queremos lograr. Si estás lidiando con un hombre que sufre de alguna de estas conductas, te repito que sólo tienes dos opciones: aceptarlo o rechazarlo, pero ¡olvídate de cambiarlo!

1. *Cuando es una persona negativa, no puedes convertirla en una persona positiva.*

2. *Cuando es despilfarrador del dinero, no puedes convertirlo en alguien comedido.*

3. *Cuando es abusador, no puedes convertirlo en un ángel.*

4. *Cuando es tacaño, no puedes convertirlo en espléndido.*

5. *Cuando es un vividor, no puedes convertirlo en proveedor.*

6. *Cuando es amargado, no puedes convertirlo en un ser alegre.*

7. *Cuando es poco detallista, no puedes convertirlo en alguien que se esmere por ti.*

8. Cuando es mujeriego, no puedes convertirlo en un hombre leal.

9. Cuando es mentiroso, no puedes convertirlo en sincero.

10. Cuando tiene ínfulas de superioridad, no puedes convertirlo en humilde.

11. Cuando es machista, no puedes convertirlo en mandilón con delantal.

12. Cuando es un hijito de mamá, no puedes convertirlo en un hombre hecho y derecho.

13. Cuando es irresponsable, no puedes convertirlo en una persona cumplidora.

14. Cuando es de carácter explosivo, no puedes convertirlo en alguien manso.

15. Cuando es celoso, no puedes convertirlo en un hombre confiado.

16. Cuando es perezoso, no puedes convertirlo en trabajador.

17. Cuando es alcohólico, no puedes convertirlo en sobrio.

18. Cuando es adicto a las apuestas, no puedes convertirlo en jugador esporádico.

19. Cuando es drogadicto, no puedes convertirlo en desintoxicado.

20. Cuando es seco, no puedes convertirlo en un hombre afectivo.

21. Cuando es tímido, no puedes convertirlo en el alma de la fiesta.

22. Cuando es fiestero, no puedes convertirlo en casero.

23. Cuando es impaciente, no puedes convertirlo en sosegado.

24. Cuando es indeciso, no puedes convertirlo en decidido.

25. Cuando es chapucero, no puedes convertirlo en minucioso.

26. Cuando es viejo, no puedes convertirlo en joven.

27. Cuando es desaliñado, no puedes convertirlo en pulcro.

28. Cuando es deshonesto, no puedes convertirlo en íntegro.

29. *Cuando es conformista, no puedes convertirlo en ambicioso.*

30. *Cuando es egoísta, no puedes convertirlo en generoso.*

31. *Cuando es vengativo, no puedes convertirlo en un ser libre de rencores.*

32. *Cuando es terco, no puedes convertirlo en alguien flexible.*

33. *Cuando vive en un sube y baja de ánimo, no puedes convertirlo en alguien emocionalmente estable.*

34. *Cuando es exageradamente soñador y vive en las nubes, ¡no puedes bajarlo a la tierra!*

Si la persona que te pretende muestra indicios de alguno de estos comportamientos, ten por seguro que así será por el resto de su vida. Algunas de estas conductas son aceptables para muchas, pero insoportables para otras. Por ejemplo, tengo una amiga que lleva casada cinco años con un hombre superceloso. Ella se acostumbró a vestir recatadamente, a no salir con sus amigas, a limitar sus conversaciones con personas del sexo opuesto y hasta tiene prohibido tener una cuenta de Facebook. Y según mi amiga, vale la pena aguantar los ataques de celos porque, primeramente, este hombre es el mejor amante que ha tenido en su vida y segundo, la tiene viviendo como una reina.

Por otro lado, una de mis primas que después de dos años de casada le dijo a su marido: "Estoy harta de tus celos, tú prometes y prometes, pero no cambias. Esto se acabó." Para ella, la desconfianza de su pareja es algo con lo que no está dispuesta a seguir viviendo y por eso tomó la decisión de dejar a su esposo. Como puedes ver, en la misma situación dos mujeres actuaron de maneras completamente diferentes, una se conformó y la otra escapó.

Te pregunto: ¿Sabes qué cosas no soportas en una relación? Te aconsejo revisar la lista anterior y hacer un círculo alrededor de las conductas que no te gustan de un hombre. Seguramente querrás señalarlas todas, pero quiero que marques sólo aquellas que son totalmente inaceptables, las que detestas, las que no perdonarías, las que te llevarían al punto de decir: "Mejor muerta antes de enamorarme de alguien así."

Una vez que tengas claros los comportamientos que consideras que no son negociables, evitarás el error de aceptarlos y caer en una situación que no es saludable para ti. En mi caso, son inaceptables los números: 3, 4, 5, 8, 9, 13, 14, 16, 17, 18, 19, 21, 28 y 30. Debo aclarar que en el pasado estuve con alguien que mostró varios de estos comportamientos que hoy son inaceptables para mí. Precisamente por haberlos vivido es por lo que puedo decir: "Mejor muerta antes de enamorarme de alguien así."

Tal vez dices: "Mmm... así que María Marín hoy día aceptaría en su vida a un hombre impaciente (N° 23)." No es algo que me gusta pero cuando pongo la impaciencia en un lado de la balanza y sus buenas cualidades en el otro lado, me doy cuenta de que lo bueno pesa más que lo malo. Además, puedo sentarme a platicar y expresarle lo feliz que me haría si fuera más paciente. Y si este hombre me quiere, aunque no cambie, tal vez modifique su comportamiento. Mi punto es que algunos de estos comportamientos se pueden modificar o mejorar mediante la comunicación, pero sólo sucede cuando un hombre se muere por ti y te quiere hacer feliz.

Si tu pretendiente tiene mil cualidades buenas, pero posee una que es abominable para ti, digamos, alcohólico, vividor o irresponsable, puede que al principio te enfoques en sus buenas cualidades y digas: "Él es tan bueno que puede cambiar." Pero te advierto, no existe la más mínima posibilidad de que seas feliz al lado de esa persona porque ya posee un comportamiento que es inaceptable para ti.

Si la persona tiene muchas cualidades buenas, y las malas en realidad no son tan malas, entonces puedes cultivar una relación saludable si desarrollas las siguientes tres virtudes:

Entendimiento, paciencia y flexibilidad

No es un secreto que el entendimiento es clave para relacionarte eficazmente con otra persona, bien sea en el trabajo, con la familia o en el amor. Sin embargo, muchos se creen que saben entender, pero en el fondo son pocos los que practican el entendimiento.

En general, todos sabemos el significado de la palabra entendimiento, pero realmente, ¿qué quiere expresar una persona cuando te dice: "te entiendo"? Le hice esta pregunta a mis seguidores de Facebook, Twitter, radioescuchas, amistades y hasta a unos doce taxistas. De las cientos de respuestas que obtuve, aquí comparto varias de ellas:

¿Qué quiere decir "te entiendo"?

- *"Que hay empatía y compasión por parte de los dos."*
- *"Es conocer las virtudes y defectos de tu pareja y aceptarlas."*
- *"Veo tu punto de vista, así que más vale que entiendas el mío."*
- *"Ponte en mi zapatos aunque te aprieten."*
- *"Te miento al decirte que te entiendo para ya no darle más vueltas al asunto."*
- *"Te comprendo y te acepto."*
- *"Me quedó bien claro lo que dijiste."*
- *"Escuchar y dialogar."*
- *"Comprenderse por medio del lenguaje del amor."*
- *"Te escucho porque te respeto."*
- *"Tener toda la disposición para negociar, ser asequible y tener la mente bien abierta para analizar la situación con sus pros y contras."*
- *"Comprendo lo que me dices pero eso no significa que lo entiendo como tú lo entiendes."*

- *"Cuando tu amor por otra persona es más grande que tu orgullo."*

- *"Entender es saber que todos somos diferentes."*

- *"Identificarse el uno con el otro."*

- *"Empatía aunque no piense igual que tú."*

- *"La facultad humana de comprender, juzgar y comparar las cosas de acuerdo a lo que ya conoces."*

Todas estas respuestas nos dan una idea de cuán comprometidos están algunas personas a entender a sus parejas. Puede ser que estén dispuestos a escuchar y comprender o que sólo les interesen sus puntos de vista. Lo interesante es que nadie mencionó algo imprescindible para desarrollar el entendimiento. Me refiero a tener paciencia, una regla cardinal muy necesaria para poder procesar, analizar y comprender las ideas.

Vivimos en una cultura en la que escasea la paciencia, queremos conseguirlo todo instantáneamente. No podemos vivir sin un horno microondas, somos adictos a los restaurantes de comida rápida, nos encantan las avenas instantáneas, queremos tener la computadora más veloz, deseamos manejar en el carril expreso de la autopista y nos desespera estar en una línea para ser atendidos. Por eso no me sorprende que en las relaciones amorosas también escasee la paciencia. Las personas se cansan con más rapidez y ya no están dispuestas a dar tantas oportunidades como antes. No es casualidad que la tasa de divorcios haya aumentado astronómicamente en los últimos años.

La paciencia en las relaciones amorosas es algo que generalmente no aumenta, sino que más bien disminuye con el tiempo. Por esta razón, si al poco tiempo de conocer a tu pareja, algo te desespera de ella, lo más probable es que te desespere aún más con el paso del tiempo.

Siempre he dicho que los matrimonios se terminan rompiendo por las mismas diferencias que tenían al principio de la relación. La diferencia es que la pasión que existe al principio de un romance hace resplandecer la paciencia, pero con el tiempo se va apagando y ya no aguantas lo que antes tolerabas. En fin, si aceptas los defectos de una persona desde el comienzo, asegúrate de tener un "banco de paciencia" para sobrellevar esas situaciones en que tu pareja muestra sus fallas.

Si le preguntas a cualquier matrimonio que lleve junto muchos años: "¿Cuál es el secreto para lograr un amor duradero?" seguramente te responderá que la receta para confeccionar una relación armoniosa lleva los siguientes ingredientes: 1 latita de compromiso, 2 tazas de comunicación, 3 cucharadas de respeto, 4 rebanadas de ternura, 1 litro de amor y 3 galones de paciencia. Con este último ingrediente, no tienes que preocuparte si le echas de más, porque la paciencia en exceso no daña ninguna receta. Y para finalizar, agrégale 1 pizca de buen humor, trocitos de cariño al gusto y espolvoréalo con mucha flexibilidad.

Esta receta de amor la aprendí de una anciana que conocí en un avión cuando viajaba de Puerto Rico hacia California. Su nombre era Carmen y regresaba a su hogar con su esposo después de haber pasado dos semanas en la Isla del Encanto. Esta pareja estaba sentada a mi lado y tan pronto ella despertó de su siesta comenzamos a hablar.

—¿Usted vive en Puerto Rico?

—No. Somos de California y fuimos a Puerto Rico a celebrar nuestro aniversario.

—¡Felicidades! ¿Cuántos años cumplen de casados?

—Estamos festejando nuestras bodas de oro —dijo con orgullo.

—¡Guau! ¿50 años? Pero usted luce muy joven.

—Ay mijita, el verdadero amor rejuvenece —aseguró con picardía.

—Me muero por saber su secreto de amor. Dígame rapidito que pronto vamos a aterrizar, ¿cuál ha sido la clave del éxito de su relación? —pregunté sumamente curiosa.

—Ese es el problema de tu generación; quiere todo en pocas palabras y rápido.

—Pues hágame un resumen.

—No puedo resumirlo, la receta del amor tiene muchos ingredientes. Lo que sí puedo asegurarte es que si le hubiera servido a mi marido un sándwich frío y desabrido, como este que dan en los aviones, ¡no hubiéramos durado ni una semana de casados! —dijo jocosamente.

—¿Así que su secreto está en la cocina?

—Negativo.

—Pues dígamelo ya por favor, la curiosidad me está matando.

—¡Flexibilidad! Ese es el ingrediente principal, porque nadie es perfecto. Si ambos son elásticos nunca romperán, porque las leyes naturales establecen que aquello que es flexible y cede, nunca se rompe.

Entendimiento + Paciencia + Elasticidad = Relación armoniosa

Cuando entiendes los defectos de una persona automáticamente desarrollas paciencia y aprendes a ser más flexible para superar las fallas de tu pareja.

Conclusión, si conoces a un hombre cuyas buenas cualidades te atraen pero tiene varias características que no te gustan, reflexiona y pregúntate si con entendimiento, paciencia y flexibilidad podrías lidiar con sus defectos. Si la respuesta es negativa, retírate. Pero si es afirmativa, ¡lánzate al amor!

Este ejercicio te ayuda a entender que si no eres capaz de cambiar tus peores defectos por completo tienes que tener paciencia y no puedes pretender que otro cambie los suyos.

1) Enumera tus tres peores defectos.

_____

_____

_____

_____

2) Escribe cuántos años hace que tienes estos comportamientos.

_____

_____

_____

_____

3) Describe cuántas veces has intentado mejorar tu conducta y explica todo lo que has hecho para tratar de cambiarla.

_____

_____

_____

_____

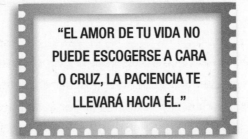

"EL AMOR DE TU VIDA NO PUEDE ESCOGERSE A CARA O CRUZ, LA PACIENCIA TE LLEVARÁ HACIA ÉL."

ERROR Nº 7:
Tienes miedo a abrir tu corazón

¿Por qué tantas mujeres buscan el amor y no lo pueden encontrar? Muchas dicen: "Hay escasez de hombres solteros." Algunas aseguran: "Ya no quedan buenos partidos." Por otro lado están las que dicen: "Hoy en día los hombres le tienen miedo a las mujeres independientes y exitosas." Otras dirán: "Si te encuentras un hombre guapo, educado, cariñoso, familiar y con buen gusto, ¡ten por seguro que es gay!" Y una que otra te expresará: "El amor es cuestión de suerte."

Es cierto que las opiniones anteriores pueden entorpecer la búsqueda del amor, excepto el último comentario, pues no creo en la suerte. Cada cual crea su propia suerte.

Seamos sinceras, cualquier mujer que diga: "Yo no creo en el amor, a mí no me interesa enamorarme", está mintiendo. Probablemente, lo que le sucede es que le destrozaron el corazón y ahora está aterrada.

> **Una de las razones principales por la que hay tanta gente sola es porque tienen miedo a enamorarse profundamente. Es irónico, pero cierto.**

Por ejemplo, digamos que alguien a quien le entregaste todo tu amor y en quien confiabas ciegamente te traicionó o no te valoró. Seguramente, hoy desconfías de cualquiera y tienes miedo a que te vuelvan a hacer daño. Por eso, consciente o inconscientemente alejas a quien se acerque a ti y así evitas enamorarte. Sin darte cuenta te pones un chaleco antiamor como método de protección. En vez de enfrentar tu realidad y decir: "No puedo amar porque tengo terror a sufrir", inventas excusas para justificar por qué te niegas a participar en el juego del amor. El miedo al rechazo, fracaso, sufrimiento o soledad no te permite entablar una relación saludable.

Las trabas del amor

A continuación enumero los pretextos más populares de aquellas que sin darse cuenta le ponen trabas al amor.

Traba N° 1 "No tengo tiempo"

"No tengo tiempo" es una de las excusas favoritas de las mujeres. ¿Cuántas veces has dicho las siguientes frases?: "No tengo tiempo para hacer ejercicio", "No tengo tiempo para cocinar alimentos saludables", "No tengo tiempo para compartir con mi familia", "No tengo tiempo para ir al dentista", "No tengo tiempo para organizar mi vida", y hasta "¡No tengo tiempo ni para ir al baño!".

Con la vida tan ocupada que llevamos no es raro que una mujer también se queje: "No tengo tiempo para el amor." Y es que "No tengo tiempo para una relación" es la mejor excusa que puedes darle a un hombre que no te interesa. También es una buena respuesta para los que te preguntan constantemente: "¿Tienes novio?", y en vez de decir: "Últimamente no se me pegan ni las moscas", mejor dices: "Estoy muy dedicada a mi trabajo y no tengo tiempo para una relación".

Aunque hemos usado esta excusa con el propósito de quitarnos a alguien de encima, en muchas ocasiones es un pretexto para no enamorarnos. Quienes aseguran estar muy ocupadas para meterse en una relación amorosa, lo más probable es que tengan miedo a enamorarse otra vez.

Este es el ejemplo de una mujer que conoce a un buen hombre y de repente se da cuenta de que está enamorándose nuevamente. En ese momento le da terror que la relación continúe y fracase como la vez anterior. Es ahí cuando su excusa favorita se convierte en su salvación: "No tengo tiempo para estar en una relación." Le echa la culpa de su tiempo limitado a las horas que requieren sus estudios, su carrera o hasta su familia.

Pero la realidad es que en esta vida, si te organizas y dejas el miedo atrás, ¡hay tiempo para todo!

Traba N° 2 "No es lo que sueño en una pareja"

Utilizas este pretexto porque tienes terror a fracasar en el amor. Para asegurarte que no cometes un error, buscas al hombre perfecto. En tu búsqueda irreal, siempre le encuentras mil defectos a todos los que te pretenden.

No te limites con una idea fantasiosa del hombre ideal. Te recuerdo que nadie es perfecto, pero hay parejas en las que cada uno es ideal para el otro. No busques la perfección, ¡busca compatibilidad y afinidad! Te advierto que intentar capturar a un hombre perfecto es igual que querer cazar al "Chupacabras". ¡Ambos son especímenes raros que nadie puede encontrar!

Traba N° 3 "No estoy lista"

Algunas piensan que para que alguien bueno se fije en ellas, primero tienen que prepararse física, emocional, profesional o financieramente. "Tengo que perder peso", "Necesito ser más extrovertida", "Debería prepararme más intelectualmente", "Requiero tener un trabajo estable", "Preciso tener más experiencia en relaciones íntimas", "Tengo que salir de mis deudas antes de comenzar una relación".

Una mujer que utiliza trabas como estas lo que realmente está diciendo es: "No soy suficientemente buena para un hombre." Su temor al rechazo le hace pensar que le falta algo para ser competente. Es cierto que puedes hacer cosas para superarte, pero eso es sólo un valor agregado a tu persona, no determina el éxito con una pareja. Te advierto que en una relación no tienes que ser más o mejor para ser aceptada. Si le interesas verdaderamente a alguien, te querrá tal como eres.

Traba Nº 4 "Estoy muy vieja"

De todas las trabas que se ponen las mujeres, esta es la que más me mortifica como motivadora. Me molesta oír frases como: "A mí se me pasó el tren" , "Ellos quieren a una jovencita", "Todos los hombres de mi edad están casados, así que no tengo oportunidad de conseguir un buen partido", "Es ridículo que una mujer de mi edad ande buscando novio".

¿Por qué hay tantas mujeres que no acaban de entender que el amor no tiene edad? El amor no es como un litro de leche, un cartón de huevos o un tarro de mayonesa, que caducan en una fecha específica. Si te sientes muy vieja para establecer una relación amorosa, hazte la siguiente pregunta: ¿Existen otras de mi edad que han podido enamorarse? ¡Por supuesto!

Conozco mujeres que encontraron el amor en el ocaso de sus vidas, como Dana Jackson, quien a los 100 años de edad se casó con un hombre que se desvive por ella, Bill Stauss, de 87 años. Y al momento en que escribo estas líneas, el matrimonio Stauss vive felizmente en el estado de Kentucky. Bien lo dijo el poeta Henry Van Dyke: "Para aquellos que aman, el tiempo es eterno"...

Alguien que quiere enamorarse y pierde sus ilusiones porque piensa que le falta juventud, realmente lo que tiene es miedo a no encontrar lo que tanto desea.

Traba Nº 5 "La competencia está fuerte"

¡Por supuesto que la competencia está fuerte entre las mujeres latinas! Somos reconocidas mundialmente por nuestra belleza. No es casualidad que las hispanas siempre están entre las finalistas del concurso Miss Universo y muchas de ellas se han llevado la corona.

Puedo hablar de lo fuerte que está la competencia por experiencia propia. Vivo en Miami y pienso que un día esta ciudad dejará de llamarse "La capital del sol" para ser reconocida como "La capital de las mamacitas más bellas". Aquí se ve una impresionante fusión de latinas despampanantes con cuerpos esculturales y bronceados.

Tal vez te ha sucedido igual que a mí, que un día te arreglas bien bonita: te planchas el pelo, te pones pestañas postizas, te haces un maquillaje exótico, te pones un vestido espectacular y dices: "Qué bien me veo hoy... de seguro hoy conozco a alguien." Y sales por la puerta de tu casa sintiéndote fabulosa y lista para ir de caza. Pero al llegar al club, después de echar un vistazo a tu alrededor y mirar a otras mujeres más bellas que tú, lo primero que viene a tu mente es: "La competencia está fuerte."

Siempre encontrarás competencia. Y no me refiero únicamente a mujeres. Vivimos en un mundo competitivo. Todo el mundo desea ser el mejor, ya sea en los deportes, en un concurso, en el campo laboral o en los negocios.

¿Qué te eleva sobre tus competidores? En el caso de un producto, lo que más ayuda a que sea popular y exitoso es la manera en que el vendedor se lo ofrece a sus clientes. Si habla apasionadamente y cree en su producto el 100%, los compradores querrán descubrir qué tan bueno es. Cuando lo hayan probado y estén complacidos, no harán caso a la competencia.

De igual forma, tú eres como un producto. La diferencia es que en tu caso quien te va a vender eres tú. Te pregunto, ¿cómo te vendes?: ¿insegura?, ¿negativa?, ¿sufrida?, ¿rencorosa?, ¿pesimista?, ¿desesperada por encontrar pareja? o ¿acaso te vendes feliz, enérgica, apasionada, exitosa y positiva? Según cuál sea tu actitud, así serán tus pretendientes.

Para cerrar una venta con éxito tienes que ser apasionada y creer en lo que vendes, en

> No temas a tus competidoras. Tú eres única. No existe ninguna otra mujer que tenga la capacidad especial que tienes tú para amar, escuchar, entender, apoyar y hasta besar.

otras palabras, tienes que convencerte que no hay nadie mejor que tú. Cuando crees en ti el 100%, ¡te elevas sobre tus competidoras!

Traba N° 6 "No lo quiero ilusionar"

Esta excusa es usada por una mujer a quien le partieron el corazón y de repente se encuentra con un buen muchacho que la pretende. Tiene miedo a no corresponderlo y herirlo de la misma manera en que la hirieron a ella. Además, después de su mala experiencia, no le interesa involucrarse con nadie por mucho tiempo, quizás años. Esta situación usualmente se da cuando la persona que te pretende está más interesada en ti, que tú en ella. Pero si no le das la oportunidad de intentar una relación, nunca sabrás si ese individuo podía verdaderamente conquistar tu amor.

La próxima vez que pienses que no debes continuar una relación por miedo a que otro salga herido pregúntate: ¿Lo hago porque realmente no me gusta para nada este muchacho o porque tengo miedo a que me llegue a gustar?

Si tu temor es que te llegue a gustar, lánzate y no te preocupes por hacer daño a nadie. En el amor a veces nos hieren y otras veces nos toca herir.

Ataduras del miedo

¿Te identificaste con alguna de estas trabas? Cada una de ellas es un escudo que esconde nuestros temores. Cuando sentimos miedo, generalmente no lo pregonamos sino que inventamos una excusa para disimularlo.

Cuando usas el miedo apropiadamente puede ser una valiosa herramienta. Es bueno experimentarlo en moderación pues te protege, pero en exceso, te limita y evita que pruebes situaciones nuevas, incluyendo una buena relación amorosa.

El miedo es un mecanismo de defensa para alarmarte cuando se acerca una circunstancia que podría ser peligrosa. Si tu mente cree que una situación puede ser amenazante, este mecanismo de defensa se activa y te insta a huir. Esto es un arma de dos filos porque hay circunstancias en que tu mente puede interpretar una situación nueva como riesgosa, haciéndote creer que hay peligro donde realmente no lo hay. Por ejemplo: te ofrecen la oportunidad de cambiar de empleo y como tu mente no sabe el efecto que causaría este cambio, te pone en aviso y dice: "¡Ojo, se avecina peligro!", "¡Cuidado, te puede ir mal!", "¡Eso no te conviene!", "¡Alerta, puedes fracasar!", "¡No estás lista!".

También, el miedo puede transportarte al pasado, recordándote desilusiones, fracasos, abandonos o sufrimientos que viviste, haciéndote creer que esas malas experiencias pueden volver a suceder. De igual modo, el miedo te puede trasladar al futuro y hacerte pensar en los problemas que pueden tener lugar si das un paso y te arriesgas. En otras palabras, cuando sientes temor, no puedes vivir el presente.

Voy a usar el ejemplo de mi amiga Sonia, quien a un mes de celebrar su boda, su novio le dijo: "No estoy preparado para el matrimonio, necesito espacio." Luego de esta experiencia, Sonia quedó devastada y por mucho tiempo no quiso saber de hombres. Tres años después conoció a Mauricio, un gran partido. Este muchacho era todo un caballero, amable, educado, inteligente, cariñoso, de buena familia y lo más importante, se moría por ella y la trataba como a una reina.

Mauricio sentía que por más que intentaba acercarse emocionalmente a Sonia, notaba que su novia no dejaba aflorar sus sentimientos. Por eso, un día le preguntó:

—Sonia, nunca me has dicho cuánto me quieres. Me he dado cuenta de que cuando digo que te amo, jamás me respondes.

—No tengo que decirlo. Tú sabes bien lo que siento.

—Pero, ¿por qué no puedes decirlo?

—Porque yo demuestro mis sentimientos con acciones, no con palabras. ¿Qué quieres? ¿Que sea de esas mujeres empalagosas que se pasan todo el día diciéndole al novio: "Ay mi amor, corazoncito de melón, eres lo máximo, muah, muah, muah...?" —dijo sarcásticamente.

—Pues sí, de vez en cuando sería bueno que hicieras el sacrificio por mí.

—Mauricio, ten claro que yo no soy ese tipo de persona. No me pidas que sea lo que no soy —aseguró molesta.

—Pero Sonia, yo quiero saber si tú crees que esta relación tiene futuro.

—¿Acaso tengo cara de gitana? Me gustan las faldas largas, las pulseras, y hasta tengo un turbante, pero no dispongo de una bola de cristal para predecir el futuro. Si no estás feliz con mi forma de ser, tal vez es mejor que me dejes.

Sonia alega que es seca por naturaleza, sin embargo, en la relación que tuvo con el hombre que la dejó plantada era una mujer extremadamente cariñosa y todo el tiempo le decía a su ex que lo amaba. Ahora, Mauricio paga los platos rotos de otro. Ella no puede decirle que lo ama aunque se muere por él porque está convencida de que en el momento que diga esas palabras, él puede aprovecharse de ella y controlar sus sentimientos. Es decir, Mauricio tendrá la puerta abierta para entrar en su corazón y herirla profundamente como ya le ha sucedido antes. Antes de arriesgarse a que esto suceda, prefiere sabotear a quien podría ser el amor de su vida diciéndole: "Si no estás feliz con mi forma de ser, tal vez es mejor que me dejes."

Finalmente la actitud de Sonia frustró a Mauricio de tal forma que se separaron. Hoy día, Sonia, a sus 48 años de edad, sigue viviendo en el pasado. Está sola y no es por falta de pretendientes, sino por falta de valentía.

Lamentablemente, su pánico a sentir dolor otra vez no le permite vivir el presente porque la transporta al pasado: "Recuerdo lo mucho que sufrí cuando mi ex me abandonó." El miedo también la traslada al futuro: "Mauricio es bueno, pero al igual que todos los hombres, me va a defraudar más adelante."

Cuando una persona vive en el pasado o en el futuro necesita volver a la realidad y centrarse para disfrutar del presente. La manera más eficaz y rápida de lograr una desconexión total con las experiencias negativas del ayer o lo que anticipas negativamente para tu futuro, es hacerte las siguientes preguntas cuando estés en el proceso de abrir tu corazón:

1. En este preciso momento, ¿me respeta?

2. En este preciso momento, ¿me valora?

3. En este preciso momento, ¿me apoya?

4. En este preciso momento, ¿me demuestra amor?

5. En este preciso momento, ¿me consiente?

Si las respuestas a estas interrogantes son afirmativas cuando estás conociendo a una persona, significa que no estás enfrentando el peligro que imaginas. Por eso, deja tus temores a un lado y goza tu presente.

Admito que no es fácil confiar en que otra persona sabrá cuidar tu corazoncito vulnerable. Se necesita un valor extraordinario para amar, especialmente si te han herido antes. ¡Toma tiempo recuperarse! Sin embargo, para amar intensamente la única opción es deshacerse de las barreras que protegen tu corazón y mostrar la debilidad tan grande que sientes por otro. Esta es la manera indiscutible de experimentar el verdadero amor.

El principal problema de quien teme enamorarse es que asocia el amor con dolor, sufrimiento, engaño o destrucción. ¡Que error! ¿Quién dijo que el amor es un martirio? El amor es dulce, sublime, profundo, mágico, maravilloso y ¡no duele!

Las relaciones amorosas son como los juegos de apuestas, unas veces se pierde y otras se gana. Imagina que tuvieras 100 dólares ahorrados, y te ofrecen la oportunidad de invertirlos para ganar 10 millones de dólares. ¿Te arriesgarías? Si eres valiente e intrépida accederías enseguida porque lo que puedes perder es muy poco comparado con el tesoro que puedes a ganar.

Así es el juego del amor, el dolor que puedes experimentar si acaba la relación, es mínimo comparado al éxtasis que saboreas cuando te enamoras. Así que arriésgate ¡y atrévete a abrir tu corazón!

"NO HAY QUE HUIRLE AL AMOR, SINO EVITAR A AQUELLAS PERSONAS QUE NO SABEN CÓMO AMAR."

Otros errores en el amor

Cuando escribes un libro, lo primero que te preguntan es: "¿De qué se trata?" En mi caso, cuando le decía a la gente que mi tercer libro se trataba de los siete errores que cometen las mujeres en el amor, la mayoría, sin pensarlo y a punto de carcajearse, me decía: "¿Sólo siete? ¡Son muchos más!"

Es cierto, cometemos infinidad de errores en las relaciones amorosas. Pero decidí enfocarme en los siete más importantes porque de otro modo no hubiera acabado este libro a tiempo para las mujeres de esta generación.

No quiero pasar por alto otros errores importantes, pues después de todo, cualquier error puede hacer tambalear a una relación amorosa. Voy a enumerar brevemente otras faltas que cometemos. Para elaborar esta lista de 20 fallas adicionales, entrevisté a mujeres que han vivido en carne propia sus tropezones, incluyendo a amigas, lectoras, oyentes de mi programa de radio y mis seguidoras en las redes sociales. También hablé con la periodista Carmen Birriel, consultora que escribe artículos para solteras. Cuando le pregunté a Carmen cuál es el denominador común entre las solteras que fracasan una y otra vez en el amor, ella aseguró: "La mayoría de las mujeres se conforman con cualquier hombre con tal de no estar solas."

Sin duda, conformarse con menos de lo que uno merece en una relación amorosa es el resultado de una baja autoestima. Y ese es el error número uno que cometen las mujeres en el amor: la falta de amor propio. Aquí revelo otros errores:

1. No aprenden de sus errores pasados: Como dice el refrán, vuelven a tropezar con la misma piedra. Muchas mujeres inconscientemente se involucran una y otra vez con el mismo tipo de hombre y luego se quejan: "A mí sólo se me pegan *Bad Boys*", "Únicamente se me acercan los buenos para nada" o "Soy un imán para los celosos". Si siempre atraes al hombre equivocado es porque sin darte cuenta tu actitud invita a ese tipo de persona. Reflexiona sobre qué comportamiento tuyo envía el mensaje "te amo tanto que te perdono todo".

2. Aceptan a cualquiera con tal de celebrar boda: Hay mujeres que le dan más importancia a la celebración del casamiento que a la relación. Algunas ni siquiera tienen novio y ya han escogido los arreglos florales de la iglesia, los colores que vestirán sus damas y el sabor del pastel nupcial. Para ellas, celebrar un hermoso casamiento es sinónimo de que cumplieron con el sueño principal de una mujer. Por otro lado, están aquellas que creen que "se les pasó el tren" y con tal de no quedarse solteronas se casan con el primero que mencione la palabra casamiento. Una vez una amiga me dijo: "Me caso y me divorcio, así puedo decir que soy divorciada y no solterona." Cuando te casas por celebrar una boda o por no quedarte solterona, pierdes la oportunidad de encontrar el verdadero amor. ¡No te desesperes y sé paciente!

3. No investigar si el hombre tiene antecedentes criminales: Hay ocasiones en las que crees que conoces a alguien y más tarde descubres que no era quien tú pensabas. Así le pasó a Ana Margarita Martínez, que conoció a quien fue su esposo en una iglesia de Miami y 11 meses después de la boda descubrió que estaba casada con un espía cubano bajo el mando de Fidel Castro. Antes era difícil investigar el pasado de una persona, pero con las herramientas que hoy día brinda el Internet se puede fácilmente indagar si la persona está casada, si ha tenido problemas con la justicia, si está en bancarrota y muchas otras cosas que cualquiera escondería a la hora de conquistarte.

4. Sacrifican demasiado: Cuando nos enamoramos, nuestros intereses, sueños y hasta amistades pasan a un segundo plano. Por ejemplo, no es raro que una amiga nos ignore porque apareció un nuevo galán en su vida. También es común que una mujer renuncie a su pasatiempo favorito para volverse fanática del fútbol o que desista de continuar su carrera para que su pareja pueda avanzar en la suya. Nosotras renunciamos a cosas que nos definen como personas porque pensamos que así nos querrán más. Pero cuando te sacrificas para que otro te quiera más, acabas queriéndote menos y pierdes tu esencia como mujer.

5. Permitir que un hombre que no conviene permanezca más tiempo del que merece: Somos humanos y todos cometemos errores, especialmente el de juntarnos con la persona equivocada. Esto es muy común y pasa todo el tiempo, pero el verdadero fallo es quedarte con esa persona y prolongar la separación. El arrepentimiento principal entre las mujeres que salen de una mala relación es: "Debí acabar mucho antes." Cuando algo no marcha bien y ya trataste por todos los medios de hacerlo funcionar, es mejor arrancar de raíz esa relación una vez por todas.

6. Ignoran la diferencia de idioma, religión o cultura: Dicen que en el amor no hay barreras, pero cuando se trata de valores, costumbres y la forma en que te comunicas, las diferencias en estas áreas definitivamente ocasionan decepciones, frustraciones y por ende, separaciones.

Siempre recuerdo la película *No sin mi hija,* basada en la historia real de una mujer norteamericana casada con un médico iraní, quien era un excelente esposo y gran papá. Ambos decidieron ir de vacaciones a Irán junto con su hija de seis años, pero cuando llegaron, el médico redescubre sus raíces islamistas y decide quedarse permanentemente en su país sin importarle la opinión de su mujer. Es ahí cuando ella descubre que la religión, la cultura y el idioma para este hombre eran más importantes que su matrimonio. Esta mujer pasó por un calvario de casi dos años hasta que pudo escapar con su hija. Y no estoy diciendo que no puedes unirte a un iraní o a alguien que no tenga tu misma creencia religiosa o que no hable tu mismo idioma. Pero antes de formalizar una relación debes tener en cuenta los riesgos que vas a enfrentar más adelante.

7. Embarazarse para atrapar a un hombre: Algunas, en su ignorancia, desean encargar un hijo para amarrar a su enamorado. Aquellas que creen que la llegada de un bebé puede transformar una relación inestable en una sólida, ¡están muy equivocadas! Si un hombre no se ha enamorado de ti por tus méritos o entre los dos no han sido capaces de resolver sus diferencias, eso no cambiará con un hijo. Tienes derecho de hacer lo que quieras con tu vida, pero manipular el destino de un hombre por medio de un bebé es egoísta e inmoral. Aún no he conocido a una persona que haya enamorado a otra a la fuerza. Si alguien no quiere estar contigo, ¡ni mellizos o trillizos lo mantendrán a tu lado!

8. Suponer que eres la única mujer en la vida de un hombre: Hay mujeres que luego de acostarse con un pretendiente descubren que tenía esposa, novia o varias "amigas" que también llevaba a la cama. Si un hombre sale contigo frecuentemente es un buen indicio de que le gustas, pero esto no significa que esté exclusivamente contigo o te sea fiel. Nunca presumas que eres la única persona en su vida hasta que él lo confirme.

9. Perdonar la misma falta más de una vez: Todo el mundo merece una oportunidad, especialmente cuando la ofensa se hizo por primera vez y sin intención. Pero cuando alguien no cumple o te decepciona en dos ocasiones o más, ten por seguro que su comportamiento se repetirá una y otra vez. Fíjate que cada vez que diste una segunda o tercera oportunidad a una expareja, nunca funcionó. Métete en tu cabecita que si lo perdonaste una vez y lo volvió a hacer, sin duda lo hará más veces.

10. Aceptar faltas de respeto: Existe una línea muy fina entre una discusión acalorada y la falta de respeto. Cuando alguien te ofende, te hace sentir menospreciada o asustada, se cruzó esa línea. Bien sea que te levanten la voz, te digan algo ofensivo o te agredan, es una falta de respeto. Una vez que se cruza esa línea es casi imposible recuperar nuevamente el respeto. Las personas te tratarán de la manera que tú permites que te traten y en una relación tienes que establecer desde el primer día que se te respete.

11. Ilusionarse con todo lo que un pretendiente dice acabando de conocerlo: Al principio de toda relación quien te pretende querrá impresionarte y hacerte creer que es perfecto. Esto es normal y todos lo hacemos. Las personas siempre muestran su mejor lado al principio. Un hombre puede decir: "Eres la mujer más divina que he conocido", "Nunca había sentido por nadie lo que siento por ti" o "Por una mujer como tú subo al cielo y bajo las estrellas". Todo esto suena bien romántico, pero dale tiempo al tiempo y no te ilusiones sólo con palabras, deja que sus acciones confirmen todo lo que dice.

12. Pensar que la felicidad depende de un hombre: Nada ni nadie puede hacerte feliz, lo único que otra persona puede hacer por ti es complementar o elevar la felicidad que ya existe en tu vida. Estás equivocada si crees que un hombre puede rescatarte de tu sentimiento de desdicha. Tu felicidad no depende del espacio donde te encuentres ni de la pareja que te acompañe. Tampoco tiene que ver con los logros que alcances o las riquezas que acumules.

El factor que determina tu felicidad es la forma en que piensas y la manera en que reaccionas ante cada situación. No importa lo que suceda, tú tomas la decisión de ser feliz. Las personas felices logran serlo porque así lo escogen y no permiten que nada robe su alegría.

Mientras menos feliz te sientas, menos posibilidades tienes de encontrar el amor. ¿Acaso te sentirías atraída por un hombre amargado?

¡A nadie le agrada "un limón"! El camino hacia la felicidad comienza por agradecer lo mucho o poco que tengas. Siéntete feliz y verás cómo atraes el amor a tu vida.

13. Ser demasiado exigente y pensar que existe el hombre perfecto: Siempre he dicho que hay que tener expectativas altas en una relación, pero no irreales. Hay quienes fantasean con la pareja ideal. Entonces, conocen a un buen partido, pero si en la primera cita, el hombre se puso medias blancas con pantalones negros, o confesó que nunca terminó la universidad, dicen: "Este hombre no es para mí." Estas mujeres dejan pasar buenas oportunidades porque buscan la perfección y se fijan en detalles que no afectan para nada lo que pudo haber sido la mejor relación de sus vidas. Presta atención a las cosas que sí cuentan. Lo más importante es que tu compañero te respete y tenga los mismos principios y valores morales que tú.

14. Tratan a un hombre como a un hijo: Una vez escuché a una compañera de trabajo dar instrucciones detalladas por teléfono. En un tono autoritario decía: "No olvides tomarte las vitaminas, acuérdate de ducharte y por favor, ¡no te pongas una camisa estrujada!" Cuando colgó el teléfono le comenté: "No sabía que tenías un hijo" y me dijo: "No tengo hijos, ¡hablaba con mi esposo!".

Hay mujeres que tratan a su pareja como si fuera un chiquillo. He conocido a varias que le dicen a su hombre cómo vestirse, qué corte de pelo llevar y hasta cómo comportarse. A primera vista, parecen mujeres muy dedicadas a sus parejas, sin embargo, este deseo obsesivo de ayudar es una forma de control. Ellas razonan: "Mientras más haga por él, más le puedo exigir." Y además piensan: "Si me hago imprescindible, nunca me va a dejar."

Tratar a tu pareja como un niño es un error grave, pues estás matando la pasión de la relación. ¿Sabes por qué? Le recuerdas a su mamá, ¡y ningún hombre quiere acostarse con su madre! Recuerda, es tu pareja, no tu hijo.

15. Confiarle tus secretos más íntimos: Todos guardamos secretos y la principal razón por la que no los compartimos es por temor a ser juzgados. Lo cierto es que revelar algo íntimo puede cambiar la opinión que el otro tenga de ti. Aunque confieses algo que sucedió hace años y de lo que estás arrepentida o algo que serías incapaz de volver a hacer, como quiera existe la posibilidad de que tu confesión provoque dudas sobre tu carácter, integridad o intenciones.

Si en el pasado usaste drogas, fuiste arrestada, te hiciste un aborto, fuiste infiel o bailaste desnuda en un club nocturno, no tienes por qué contárselo a tu pareja. Sé de mujeres que contaron un secreto y su relación cambió a partir de ese momento. Incluso fue información que usaron en su contra después de la ruptura. Recuerda: "Eres esclava de tus palabras y dueña de tu silencio."

16. Estar excesivamente celosa: Hay mujeres que están celosas hasta de la brisa que le roza la piel a sus parejas. Algunas no soportan que su hombre mire a cualquier mujer, ¡incluyendo a una fea! Los celos infundados arruinan una relación.

Es normal experimentar cierto miedo de que tu amado pueda dejarte por otra persona. Después de todo, estas cosas suceden y cuando pasan son muy dolorosas. Pero si eres de las que una llamada telefónica te pone en alerta, te alarma que una mujer guapa le converse a tu novio o te causa ansiedad que se retrase, entonces tus celos te llevarán a destruir tu relación.

Los celos no tienen nada que ver con el comportamiento de tu pareja, más bien son producto de tus inseguridades. Cuando estás celosa, el mensaje que envías a tu compañero es: "No creo que sea lo suficientemente mujer para conservar tu amor e interés." Y si tú misma no lo crees, ¿por qué esperas que lo crea él?

Quien es infiel, lo será independientemente de cuánto lo vigiles. Los celos no van a convertirlo en un hombre fiel, sencillamente lo harán más cauteloso.

Se ha comprobado que quienes son vigilados constantemente sin razones válidas, terminan siendo infieles. Se les acusa tanto de algo que no han hecho que concluyen: "Si estoy cumpliendo la sentencia, más vale cometer el delito." Si tienes motivos concretos para desconfiar y no te respetan como lo mereces, en vez de celarlo, ¡mejor déjalo!

17. Se visten demasiado provocativas y reveladoras: Escucho mujeres que se quejan: "Los hombres sólo quieren tener sexo conmigo" o "Ninguno me toma en serio". Muchas de ellas para hacerse más atractivas se ponen escotes exageradamente pronunciados y trajes tan ceñidos que parecen estar pintados sobre el cuerpo.

Si te vistes para atraer atención sobre tu físico, va a ser muy difícil que un caballero te considere para algo más que sexo. Te guste o no, tu forma de vestir determinará la intención con la que se te acercará un hombre. Cuando vistes con elegancia, pensará que tienes clase y si vistes provocativamente, opinará que eres fácil. No se trata de vestir como una monja. Tampoco hay nada de malo en lucir sexy.

Hay un famoso dicho que dice que lo que no se enseña, no se vende. Pero cuidado con lo que muestras, porque así será el comprador que atraigas. Claro, existen hombres con una autoestima baja que necesitan hacer alarde de tener una mujer despampanante que llame la atención de todos para así sentirse envidiados. Pero el tipo de hombre recomendable para formar un hogar no anda buscando una chica digna de las páginas de la revista *Playboy*. Más bien busca a una buena amiga, una compañera amorosa y alguien de quien pueda sentirse orgulloso.

Tu apariencia exterior debe manifestar cómo te sientes en tu interior. Viste de manera que refleje quién eres y así serás percibida. Para no cruzar la fina línea entre lo sexy y lo vulgar, opta por seguir esta regla: si enseñas pecho, tapa piernas y si muestras piernas, esconde pecho.

18. Pensar que "un clavo saca otro clavo": Todas hemos sufrido por amor alguna vez. Cuando se acaba el romance por la razón que sea, nuestra alma se encoge de sufrimiento como una pasita porque pensamos que nunca volveremos a ser felices. Pero te advierto, por más ahogada que te sientas luego de romper con tu ex, tarde o temprano saldrás a la superficie y podrás respirar nuevamente. El error que cometen muchas tras una ruptura, es involucrarse rápidamente en otra relación para enmascarar el dolor y olvidarse de lo sucedido.

En vez de pasar por el sufrimiento de un corazón partido, muchas buscan otro amante para ignorar el dolor que sienten, justificando que "un clavo saca otro clavo". El problema es que no puedes tener una relación saludable con nadie hasta que no se curen las heridas que sufriste en el pasado. Cuando ignoras tu dolor, tarde o temprano pagas las consecuencias. Es como si te partieras el tobillo y antes de que haya sanado la fractura, decides ponerte unos tacones y salir a bailar. Tu atrevimiento, no sólo te hará bailar coja, sino que también retrasará el proceso de sanación. Asimismo sucede en el amor, tanto las lesiones físicas como las emocionales necesitan tiempo para curarse. Si te involucras con alguien creyendo que "un clavo saca otro clavo", lo único que lograrás es un dedo machucado.

19. Juzgar a todos los hombres por igual: "Todos los hombres son iguales", estas son palabras típicas de mujeres que han tenido malas experiencias en el amor. A todas ellas les digo que sí hay hombres buenos. Pero mientras crean que no existen, se pueden parar 100 buenos hombres al frente suyo, y no podrán reconocerlos. En vez de creer que no hay hombres buenos, es mejor aceptar que no has sabido escoger a tus novios.

20. Querer mostrar que eres la mujer más independiente: No hay nada malo con ser independiente, todo lo contrario, un hombre admira a una mujer que sea autosuficiente, trabajadora y luchadora. Sin embargo, le cae como bomba que una mujer haga alarde de su independencia. Cuando le das a entender a un hombre que eres la más autosuficiente y que no lo necesitas, lo haces sentir inútil. Uno de los placeres más grandes del hombre es complacer a su mujer en todos los aspectos. Ellos son proveedores por naturaleza y les gusta ser protectores. Si quieres alejarlo a la velocidad de un rayo, dile: "Soy una mujer muy independiente y no necesito a nadie."

Tampoco actúes como sabelotodo. Algunas en su afán por impresionarlo, hablan incansablemente sobre sus experiencias, pertenencias e intelecto. ¡Qué forma tan eficiente de matar la pasión! Si te proyectas como que tienes de todo, has vivido de todo y lo sabes todo, ¿qué le queda a él para ofrecerte?

Tus nuevos días de amor

Después de leer todos los errores en esta sección y en los capítulos anteriores, sin duda más de una vez te llevaste las manos a la cabeza y dijiste: "¡Qué tonta fui!" Ahora estás atando los cabos sueltos de tus relaciones pasadas. Y hasta rabia te da por haber sido tan buena, ingenua o desesperada.

Seguramente volverás a cometer errores, somos humanos, pero no serán los mismos, ni tan garrafales. Y cuando los cometas, los reconocerás rápidamente y podrás corregir tu traspié.

De ahora en adelante estarás lista para triunfar en tus relaciones. Aclaro que tus nuevos conocimientos sobre el amor no garantizan que tu próxima relación amorosa termine en el altar. Lo que sí puedo asegurar es que estás mucho más preparada para reconocer a un buen partido y saberlo conquistar.

Una vez cierres este libro, te sentirás en control de tus acciones; no volverás a estar a la expectativa de lo que un hombre decida, ni tampoco estarás a su merced. Desde hoy, se acabaron los días en que no haces planes porque te quedas esperando su llamada. Se acabaron los días en que después de despedirte de él, sientes ansiedad al no saber cuándo te volverá a llamar. Se acabaron los días en que descuidas tu trabajo, estudios y familia por darle prioridad a él. Se acabaron los días de rogarle para que te preste más atención. Se acabaron los días de acomodar tu comportamiento a sus necesidades para no incomodarlo o hacerlo enojar. Se acabaron los días en que un hombre se esfuma sin dar explicación. Y sobre todo, se acabaron los días de dárselo todo a cambio de migajas con tal de retenerlo.

De ahora en adelante, sentirás que llevas el timón de la relación. Y te sorprenderás cuando veas que tu nueva pareja está mucho más enamorada de ti que las anteriores. Todo esto sucederá porque ahora reconoces que el amor no se mendiga, no se ruega y mucho menos se exige. Es algo que mereces, simplemente por ser una mujer maravillosa. Te felicito porque hoy reconoces que tu mayor atractivo es tu seguridad, y esa confianza en ti misma atraerá al amor de tu vida.

Bibliografía

Allen, Patricia D y Harmon, Sandra. *Getting to "I do"*, William Morrow and Company Inc., 1994

Aparicio, Rafael. *La pareja perfecta: Meditaciones filosóficas en torno al amor y a las relaciones sentimentales*, Kindle eBook, 2012

Argov, Sherry. *Why men love bitches,* Adams Media, 2009

Behary, Wendy T. *Disarming the narcissist*, New Harbinger Publications, 2008

Blair Page, Janet. *365 Days To "I Do" Get Married This Year*, Adams Media, 2011

Canfield, Jack; Hansen, Mark Victor; De Angelis, Barbara; and Donnelly, Mark. *Sopa de pollo para el alma de pareja*, HCI en Español, 2003

Carter, Jay. *Nasty People*, Contemporary Books, 1989

Greene, Robert. *Seduction*, Penguin, 2001

Greenwald, Rachel. *Have Him at Hello*, Three River Press, 2009

Grout, Pam. *Living Big*, Conari Press, 2001

Harley, Willard F. *His needs, Her needs*, Revell, 1986

Harvey, Steve. *Act Like a Lady, Think Like a Man*, Amistad, 2009

Hill, Napoleon. *Think and grow rich*, Tribeca Books, 2012

Marín, María. *Mujer sin Límite, experiencias de una mujer vencedora que transformarán tu vida*, Aguilar, 2007

Marín, María. *Pide más, espera más y obtendrás más: 7 reglas para conseguir lo que deseas*, Aguilar, 2010

Riso, Walter. *Aprendiendo a quererse a sí mismo*, Grupo Editorial Norma, 1990

Santa Biblia, Antigua Versión de Casidoro de Reina 1569, Editorial Unilit, 1994

Sohn, Amy. *Sex and The City: Kiss and Tell*, Pockets Books-Simon& Schuster, 2002

St. Claire, Olivia. *203 Ways to Drive a Man Wild in Bed*, Harmony Books, 1993

Sharma, Robin. *El monje que vendió su Ferrari*, Vintage, 2010

Otros títulos publicados por María Marín

Mujer sin límite,
experiencias de
una mujer vencedora que
transformarán tu vida

Lograr cambios importantes en nuestra vida es, sin lugar a dudas, uno de los objetivos más importantes para las mujeres modernas. Sin importar si el tema es la relación de pareja, las finanzas personales, la profesión o incluso la salud, siempre hay algún aspecto de nuestra vida que deseamos mejorar. En *Mujer sin límite*, María Marín se dirige a todas las mujeres que se encuentran en un proceso de crecimiento y necesitan encontrar seguridad en sí mismas, así como a todas aquellas que buscan herramientas, o estrategias, para alcanzar sus metas. En esta obra, la autora enseña cómo vencer los obstáculos y el miedo que paraliza y cómo hacer a un lado las excusas. A través de establecer un compromiso de conocimiento y desarrollo personal, verás con claridad las respuestas que necesitas; y gracias a las herramientas que el libro ofrece descubrirás tu propósito en la vida. *Mujer sin límite* explica, entre otros temas, la Ley de la Atracción, una herramienta imprescindible para alcanzar todo aquello que soñamos.

¡Pide más, espera más y obtendrás más!

¡7 reglas para conseguir lo que deseas!

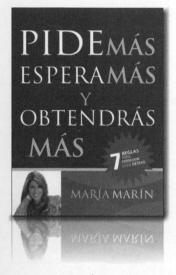

¿Quieres obtener lo que deseas? ¿Necesitas persuadir a tu jefe para que te aumente el sueldo? ¿Deseas convencer a tu pareja para que coopere con las tareas del hogar? ¿Quieres lograr que un vendedor te dé un mejor descuento? ¿Aspiras a convencer a una persona para que sea tu socio? ¿Anhelas persuadir a alguien para que se enamore de ti? Después de leer *¡Pide más, espera más y obtendrás más!*, podrás decir con seguridad: ¡Soy capaz de conseguir todo lo que quiero! Para alcanzar cualquier meta que te propongas, sea profesional, personal o familiar, necesitas persuadir a los demás para que hagan lo que tú quieres. En estas páginas, María Marín te enseña las 7 REGLAS para conseguirlo. Las personas exitosas tienen una característica en común: ¡la capacidad de convencer a otros para que hagan lo que quieren! Los triunfadores no tienen miedo a exigir lo que desean y saben como pedirlo. ¡Todo es negociable! Si usas tu creatividad, siempre puedes llegar a un acuerdo en el cual ambas partes ganen. La valiosa información que leerás en este libro se presenta con mucha motivación y humor. *¡Pide más, espera más y obtendrás más!* te convertirá en un experto negociador y en una persona más segura de sí misma.